믿음의 유일한 근거,

십자가

믿음의 유일한 근거, 십자가

펴 낸 날 2016년 3월 16일 초판 1쇄 발행

지 은 이 신동식
펴 낸 이 신덕례
디 자 인 이하양
기　　획 김항석
재　　무 권혜영

펴 낸 곳 우리시대
　　　　경기도 고양시 덕양구 주교동 587-5번지 401호
　　　　T. 070-7745-7141 F. 031-967-7141
　　　　woorigeneration@gmail.com
　　　　www.facebook.com/woorigeneration

ISBN 979-11-85972-09-1

믿음의 유일한 근거,

신동식 지음

우리시대

차 례

1장. 십자가 신앙

2장. 십자가의 승리

3장. 십자가의 영광

서문강 목사
(중심교회, 칼빈대학, 마틴 로이드 존스 로마서 강해 전집번역자)

하나님의 항상 살아있는 말씀으로서의 성경이 시대나 지역이나 문화나 종족의 모든 차이를 뛰어넘어 항상 동등한 권위와 연관성(relevance)을 상실하지 않는 이유가 무엇입니까? 이 질문에 대하여 여러 가지 답이 제시될 수 있습니다. 그 중에 '성경은 어제나 오늘이나 영원토록 동일하신 예수님(또는 하나님)과 우리 사람 사이의 영원한 관계, 우리의 구원과 하나님 나라에 집중하기 때문이라.'고 답할 수 있을 것입니다.

물론 그 하나님과 우리의 관계에 있어서 절대로 필요한 것들은 무엇이라도 시대나 다른 어떤 차이에도 불구하고 그 무게와 가치의 변이(變移)를 가져 오지 않습니다. 그러면 하나님과 우리의 영원한 관계를 붙들고 있는 중심축은 무엇입니까? 바로 '우리 주 예수 그리스도와 그 십자가에 못박히심'입니다. 고린도전서 2:2에서 사도 바울이 성령님의 가르치신 대로 한 말은 그 정통을 꿰뚫고 있습니다. "내가 너희 중에서 예수 그리스도와 그의 십자가에 못 박히신 것 외에는 아무 것도 알지 아니하기로 작정하였음이라."

그런데 2 천 여 년의 교회사 시대 중에서 가장 찬란한 영적 시대, 하나님께서 당신의 피로 사신 교회를 통하여 '쉐키나의 영광'을 가장 복되게 드러내신 시대는 어떤 시대였습니까? 바로 고린도전서 2:2의 말씀의 신령성을 맛보고 그에 충실하기 위하여 몸부림치던 성도들이 많은 시대였습니다. 1세기 사도시대, 그 후 얼마간의 속사도시대와 5세기의 어거스틴 시대, 16세기 종교개혁 시대, 16-17세기의 청교도 시대, 18세기 조나단 에드워즈와 조지 횟필드의 영적 각성 시대, 19세기 영적 부흥의 시대, 20세기 중엽의 로이드 존스 등을 통한 청교도적 개혁주의와 '성경 강해 설교'의 가치와 그 영광의 재발견 시대가 아닌가 합니다. 그런 시대들 속에서도 '그리스도와 그 십자가의 죽으심'의 복음의 중심에서 이탈하도록 유혹하는 세력이 강하였으나 '십자가 중심의 말씀의 세력'을 이기지 못하였습니다. 다시 말하여, 그 영원한 가치에 목마른 자들이 힘을 쓴 시대였습니다.

그러나 오늘 이 시대는 그 세력은 약화되고, '현대적 경향과 추세를 따라 잡아 사람들에게 호소력을 가져 힘을 쓰려는 현대주의적 교회성장주의'가 장을 치고 있습니다. 그 현대주의는 '그리스도와 십자가'의 복음을 전혀 말하지 않는 것은 아니나, 데이비드 웰스(David Wells)가 그의 책 「신학 실종(No Place for the Truth)」에서 지적한 대로 '중심적 가치'로 여기기를 포기합니다. 아니 현대주의자들의 메시지는 '그리스도와 그 십자가'와는 거리가 멉니다. 그들의 전체 메시지를 들여다 보면, '그리스도의 십자가'와 전혀 어울리지 않습니다. 십자가를 언급하여도 '대속적(代贖的) 본질인 그리스도의 죽으심' 보다는 '삶의 가치를 구현하기 위해 허용된 죽음'이라는 식의 매우 철학적 분위기 속에서 언급하고 있습니다. 그처럼 성경의 중심에서 벗어난 메시지가 교회의 강단들을 거의 다 장악하고 있는 셈입니다. 그러니 그것을 듣는 회중들은 더 말해서 무엇 하겠습니까!

성령님으로 거듭나서 진정한 회심과 믿음을 가진 자들에게 있어서 '그리스도와 그 십자가의 죽으심'은 '믿음의 시작과 끝 전체를 붙들고 있는 중심'입니다. '그리스도와 그 십자가의 죽으심'은 회개와 믿음과 칭의 뿐 아니라 성화의 강력한 근거와 동기와 능력이며, 성도의 견인과 영화의 보장입니다.

이런 의미에서 이 책은 정말 가치 있는 책입니다. 이 책은 분명 성령님의 역사로 성도들의 손에 들려져 읽혀질 책이라 사료됩니다. 그리하여 참 믿음이 무엇을 근거로 서야 하는지를 배우게 할 책입니다. 저자 신동식 목사님께서 성령님의 인도하심 속에서 '영적인 열정과 순결'에 대한 갈망을 이 책에 토하여 냈습니다. 이 시대 속에서 청년들과 성도들에게 늘 '복음의 나팔수'로 신 목사님을 서게 하신 주님께서 이 책으로 말씀하실 것입니다. 감사합니다.

하나님의 한 작은 노예, 서창원 교수
(총신대학신학대학원 역사신학)

설교를 책으로 낸다는 것은 쉬운 일은 아닌 것 같습니다. 늘 다른 사람들의 평가와 더불어 살아야 하는 것이지요. 그보다 더 망설이게 하는 것은 강단에서 뿜어져 나온 영의 실체를 담아낼 수 없는 것 때문입니다. 그럼에도 불구하고 책을 내는 것은 혼자만 간직하고 싶지 않기 때문일 것입니다. 일부는 자기 과시도 포함되어 있겠지만 내가 터득하고 품게 된 그 아름다움을 다른 사람들과 함께 공유하고자 하는 봉사 정신이 깃들어 있습니다.

설교란 전하는 자의 사상과 삶을 전하는 것이 아니지만 그렇다고 전혀 상관이 없는 것도 아닙니다. 그 메시지에 전하는 이의 생각이나 삶이 그대로 묻어나기 때문입니다. 그러나 설교의 본래 의미는 죄인의 구원을 위해서 구주께서 하신 놀라운 행적을 선포하는 것입니다. 전하는 이의 확신적 경험이 그 힘을 더하는 것이 분명하지만 전하는 이의 확신이라고 해서 결과가 아름다운 것은 아닙니다. 약간의 감흥은 일어날 수 있어도 심령의 변화는 그리스도의 원색적인 피 묻은 십자가의 복음뿐입니다.

본서는 저자가 평소에 외쳤던 삶의 핵심이 잘 묻어난 글들입니다. 그리고 같은 말을 쓰는 이들이 같은 생각과 같은 뜻을 담아내야 할 것이 무엇이어야 하는 지를 명백하게 드러낸 글들입니다. 같은 하나님과 같은 구세주를 고백하면서도 그 내용과 의미가 전혀 다른 자들을 많이 만납니다. 더욱이 강단에서 그러한 판이한 외침들이 들려질 때 하나님과 그 구원의 길을 전혀 알지 못하는 다른 세대의 사람들을 보는 것 같습니다. 다른 복음, 다른 예수, 다른 영은 쉽게 잘도 받아들이면서 성경의 그리스도는 애써 외면하는 세대에 경각심을 주는 메시지들을 담은 값진 글들입니다.

이 세대에도 진리의 변함없는 소리들이 있음을 감사합니다. 그리스도의 십자가 구속의 은총을 입은 이들에게 더욱 담대함과 충성스러운 신앙의 길을 가게 할 것이요 그리스도를 대적하는 이들에게는 두려움을 자아내며 동시에 그리스도의 발 앞에 굴복케 되는 은혜를 입게 될 것을 확신합니다.

그리스도를 사랑하는 자들이나 그리스도를 더욱 갈망하는 자들, 그의 십자가의 참된 능력을 깊이 경험하도록 이끌어주는 책이 될 것을 의심하지 않습니다. 십자가는 누군가에게는 거리끼는 것이요 누군가에게는 어리석은 것이지만 구원을 얻는 이들에게는 하나님의 능력이요 하나님의 지혜입니다.

추천의 글 3

(오디세이학교 교사, 좋은교사운동 정책위원)

홍수 때 마실 물이 없어 갈하듯, 요즘처럼 말씀이 넘쳐나는
시대에 오히려 복음의 핵심인 십자가에 대해 들을 기회가 많
지가 않다. 하나님이 선택하신 구원의 비밀인 십자가의 능력
과 날마다 자기 십자가를 지고 주님을 따르는 삶의 영광으로
성도의 삶을 이끌어가는 설교자를 만나기는 더욱 어렵다. 이
러한 시대 가운데 십자가의 의미와 능력, 영광에 대해 집요하
게 파고드는 신목사님의 설교에 마음이 끌린다.

11

추천의 글 4

조성돈 교수
(실천신학대학원 실천신학)

기독교의 핵심은 예수 그리스도의 피 묻은 십자가이다. 십자가는 고난의 상징이며, 구원의 전제조건이고, 부활의 시작이다. 그 외 모든 것은 이 십자가의 부속물일 뿐이다. 이 책은 이 십자가를 온전히 밝히고 있다. 그래서 이 책을 잡을 때 좀 망설였다. 예수 믿은 지 40년 가까이 되었는데 다시 십자가라니 좀 고리타분하지 않은가?

그런데 책을 읽어가니 이 십자가가 생소하다. 저자는 그의 심장에서 그리스도의 십자가를 꺼내어 드는데 그것이 40년 묵어 놓았던 나의 십자가를 부끄럽게 한다. 어느덧 그러려니 하고 있고, 신학화 하고 있고, 여러 가지 아름다운 것들로 치장해 놓았던 것들을 들여다 볼 수 있도록 하는데, 그 앞에 마주해야 하는 십자가는 내게 생소했던 것이다.

그는 명확하게 말한다. 구원에 이르는 길은 십자가뿐이라고 말이다. 그리고 우리의 모든 삶은 십자가라고 한다. 그로 인한다고 말해야겠지만 아니 좀 더 원초적으로 바로 그 십자가라고 하는 것이 옳을 것이다. 이것이 저자가 밝히는 십자가이다. 이렇게 보니 십자가가 생소해 보이는 것이다. 솔직히 고백한다면, 그렇게 살지 못한 내 삶에 비추어 보니 십자가가 생소해지는 것이다. 그 만큼 내 삶이 십자가 외의 것으로 부풀려져 있었다는 것을 의미한다. 이 책은 바로 이 부분을 보게 한다.

이 책은 처음부터 끝까지 십자가만 이야기한다. 때로 그것은 고난이다. 그러나 때로 그것은 부활이고 승리이다. 죄인된 우리를 보게도 하지만, 의로워진 우리의 모습에 감격케하기도 한다. 이 책을 보면 저자가 먼저 십자가를 깊이 있게 묵상하고 마음에 담았음을 느낄 수가 있다. 십자가 하나를 가지고 이리보고, 저리보면서 자신의 마음에 담은 것이다. 그래서 그는 십자가에 자신을 예수와 함께 매달기도 하고, 그의 고난을 몸에 담기도 하며, 그 십자가 그늘 밑에 자신의 자리를 만들기도 했을 것이다. 그리고 그 자리에서 십자가의 신비를 풀어내고 있다. 그래서 이 십자가는 현학적 풀이가 아니라 그의 신앙고백이 된다.

그리고 저자는 자신의 믿음과 지식으로 십자가를 기준으로 성경을 줄 세운다. 책 가운데는 정말 많은 성경구절들이 등장한다. 구약에서 신약으로, 그래서 바울의 십자기 신학으로 발전한다. 그 가운데 십자가의 구속사를 드러낸다. 마치 성경의 모든 부분이 십자가를 조명하고 있는 듯 그의 책에서는 그리스도의 피 묻은 십자가가 드러난다.

그 십자가를 바라보니 성경이 보이고 하나님의 사랑이 보인다. 그리고 나를 보니 부끄럽다. 그래서 나를 다시 세운다. 무거운 것들을 벗어버리고 십자가에 나를 매달게 된다.

본문 중에 이런 말이 나온다. '바울에게 "당신의 삶에서 가장 중요하게 여기는 것이 무엇입니까?"라고 묻는다면 그는 주저 없이 "예수 그리스도의 십자가입니다"라고 말할 것입니다. 이것이 바울의 한결같은 고백입니다.' 이 구절을 읽는데 심장을 쿵 때리는 경험을 했다. 왜 그랬을까? 예수 믿는 내가, 목사인 내가 당연히 받아야 할 이 구절이 왜 그렇게 심장을 쳤을까? 어느덧 이런 나의 결심이 무뎌졌기 때문이다. 그 무뎌진 나의 모습을 보게 하는 능력이 이 책에 있다. 이 경험을 여러 분들과 나누었으면 한다. 그래서 이 책을 권한다.

서 문

건강한 교회를 싫어하는 이들은 없을 것입니다. 모두가 복음의 본질에 충실한 교회를 소망합니다. 그런데 실제는 좀 다릅니다. 복음의 본질은 입에서만 머물고 삶으로 나타나지 못하고 있습니다. 대부분 교회의 성장이라는 현실 앞에 많은 교회가 입술의 구호로만 끝내 버립니다. 복음이 살아있지 못합니다. 교회성장 앞에서 복음은 마케팅으로 변하고 맙니다. 소비자 중심의 설교가 힘을 얻습니다. 소비자 중심 설교는 매우 설득력이 있습니다. 그래서 회중들로 하여금 편안함을 느끼게 합니다. 현대인의 요구가 잘 묻어납니다. 결국 점점 설교는 약화되어가고 다른 것들이 그 자리를 채우고 있습니다.

물론 설교와 가르침 그리고 교제는 선택의 문제가 아닙니다. 우열의 문제도 아닙니다. 이것은 하나의 유기체입니다. 설교가 없는 가르침이 무슨 의미가 있겠습니까? 교제가 없는 가르침은 또한 어떠합니까? 설교만 있고 가르침과 교제가 없다면 균형 있는 신앙이라고 말할 수 있겠습니까? 설교는 회심을 가져옵니다. 가르침은 변화를 가져옵니다. 교제는 성숙을 만들어 냅니다. 이러한 균형이 있을 때 성도는 비로소 봉사자의 삶을 살 수 있습니다. 그것도 자원하여 삽니다. 하지만 균형이 깨지거나 바르게 세워있지 않으면 건강함을 유지할 수 없습니다. 복음의 본질에 충실한 교회와 성도는 균형이 잡혀있습니다. 이 모든 것의 시작은 말씀 선포에 있습니다.

이러한 전제에 충실하게 한 권의 책을 냅니다. 이 책은 빛과 소금 교회에서 행하였던 복음사경회 강론들입니다. 예수님의 십자가에 대한 성경의 가르침을 최선을 다하여 나누려고 하였습니다. 비록 부족한 부분이 많지만 예수님의 십자가를 살피고 강론하였습니다. 그리고 이제 기록된 설교로 나누고자 합니다.

오늘날 복음을 외치고, 본질을 강조하면서도 실제로 강단에서는 십자가가 전하여지지 않음을 자주 목격합니다. 그래서 십자가에 대한 진지한 나눔보다도 가볍고 쉬운 주제만 나눕니다. 건강과 행복과 성공과 물질의 복이 더욱 기승을 부리고 있습니다. 그의 나라와 의를 구하는 일은 좀처럼 잘 드러나지 않습니다. 그래도 보이지 않지만 십자가 신앙으로 채워지기를 바라는 거룩한 씨들이 있기에 오늘도 교회가 세워지고 있습니다. 어쩌면 이 책이 거룩한 씨들이 존재함을 나타내는 일이라 생각합니다. 역사적 고백 교회 선진들은 믿음의 유일한 근거가 예수 그리스도의 십자가에 있음을 알았습니다. 그래서 십자가 없는 신앙을 생각할 수 없었고 십자가 없는 믿음을 논하지 않았습니다. 우리가 참된 믿음을 소유하려면 십자가를 알아야 합니다. 십자가가 우리의 믿음의 유일한 근거이기 때문입니다.

이 책은 십자가에 대하여 세 개의 주제로 나뉘어 있습니다. 십자가 신앙, 십자가 승리, 십자가 영광입니다. 십자가 신앙으로 시작하여 십자가 영광으로 마치고 있습니다. 이것은 우리들의 신앙 여정이라 할 수 있습니다. 그래서 신자의 삶이란 십자가의 삶이라 말할 수 있습니다. 회심한 바울이 자신 있게 자랑한 것은 바로 예수 그리스도의 십자가였습니다.

1부 십자가 신앙에서는 십자가의 의미와 십자가 신앙이 우리의 본질이며 시작임을 나누었습니다. 우리의 구원의 본질이 바로 십자가임을 살폈습니다. 십자가만이 우리의 구원의 보증임을 볼 수 있습니다.

2부 십자가 승리에서는 성도의 삶의 여정에 다가오는 많은 고난과 유혹을 이길 수 있는 힘이 오직 예수 그리스도의 십자가에 있음을 기록하였습니다. 우리가 닮아야 할 그리스도의 참된 모습은 바로 십자가에 있습니다. 십자가 없이는 영적인 승리를 기대할 수 없기 때문입니다.

그리고 3부 십자가 영광에서는 성도의 삶의 궁극적 목적이 십자가에서 시작되고 십자가에서 마침을 나누었습니다. 즉 성경은 십자가 없는 영광은 우리에게 없음을 말씀합니다. 십자가는 절박한 심령을 가지고 주께로 돌아오는 자들에게 하늘의 영광입니다. 왜냐하면 십자가는 하나님의 영광이기 때문입니다.

그러므로 이 책을 읽을 때 순서 없이 읽어도 무방합니다. 하지만 십자가의 의미를 바르게 정립하려고 한다면 처음부터 읽는 것이 더욱 유익합니다. 이 책을 읽을 독자가 누군지 알 수 없지만 같은 마음, 같은 뜻으로 십자가의 의미를 깨닫고 십자가 신앙으로 살아갈 수 있었으면 합니다.

책을 쓸 목적으로 설교한 것은 아니지만 사경회를 준비하면서 최선을 다한 결과 작은 책이 되었습니다. 여전히 부족한 것 투성이지만 복음을 나누고자 하는 열심이 책을 나오게 하였습니다. 특별히 이 책을 나오는데 가장 중요한 공헌자는 빛과 소금 교회 교우들일 것입니다. 작지만 큰일을 감당하고, 변방에 있지만 중심을 깨우기를 소망하면서 말씀을 나눈 온 교우들의 헌신이 이름 모를 사람들과 만남을 가질 수 있게 하였습니다.

한 편의 설교, 한 권의 책도 무에서 유를 창조하지 않습니다. 수없이 많은 이들의 도움과 사랑으로 태어납니다. 그리고 이 모든 것 위에 성령하나님의 도우심이 있어야 합니다. 사실 설교는 글로 담기 쉽지 않습니다. 설교하는 순간 증거 하시는 성령의 역사를 어떻게 글로 담을 수 있겠습니까? 그런 의미에서 이 책도 설교의 작은 부분만 실렸다고 할 수 있습니다. 그러기에 이 책을 성령님께서 사용하여 주실 것을 간곡히 기도합니다.

이제 감사할 몇 사람을 소개하고자 합니다. 이 책의 출판을 위하여 애써주신 편집자 권혜영 자매와 김항석 집사 그리고 만삭의 몸으로 끝까지 감당하여 준 디자이너 이하양 자매와 훌륭하게 협력하여 준 권성수 형제의 수고에 감사를 드립니다. 여린 몸이지만 복음의 나팔을 위하여 기꺼이 헌신하여 주었습니다. 또한 멋진 캘리그라피로 '십자가' 글씨를 써준 석하림 자매에게 감사를 드립니다. 그리고 부족한 책을 위하여 기꺼이 추천서를 써주신 존경하는 설교자인 서문강 목사님과 여전히 불화살 같은 설교를 하시면서 냉철하게 기독교 역사를 가르치시는 서창원 교수님과 동시대에 같은 마음으로 정직한 삶을 소망하면서 교회를 세우고 학생을 가르치시는 정병오 선생님과 조성돈교수님께 진심으로 감사를 드립니다. 끝으로 부족한 목사의 설교를 강론 할 수 있도록 허락하여준 빛과 소금 교회 교우들에게 다시금 감사를 드립니다. 그리고 연약한 남편을 위하여 인내하면서 20여년을 한결같이 함께하여 준 아내 덕예와 말로 다 할 수 없이 사랑하는 지예와 현호에게 감사를 드립니다.

책은 내는 순간 모든 모습이 드러납니다. 그리고 모든 책임을 지어야 합니다. 이 책의 모든 부족한 것은 저자의 책임입니다. 동시에 모든 것이 하나님의 은혜임을 고백하지 않을 수 없습니다. 주여 영광 받아 주옵소서.

2016년 3월 3일

소명의 땅 원당에서 신동식 목사

1부 / 십자가 신앙

긍정의 힘인가
십자가인가

고전 1:17-25

그리스도께서 나를 보내심은 세례를 주게 하려 하심이 아니요 오직 복음을

전케 하려 하심이니 말의 지혜로 하지 아니함은 그리스도의 십자가가 헛되

지 않게 하려 함이라 18 십자가의 도가 멸망하는 자들에게는 미련한 것이요

구원을 얻는 우리에게는 하나님의 능력이라 19 기록된 바 내가 지혜 있는 자

들의 지혜를 멸하고 총명한 자들의 총명을 폐하리라 하였으니 20 지혜 있는

자가 어디 있느뇨 선비가 어디 있느뇨 이 세대에 변사가 어디 있느뇨 하나

님께서 이 세상의 지혜를 미련케 하신 것이 아니뇨 21 하나님의 지혜에 있어

서는 이 세상이 자기 지혜로 하나님을 알지 못하는고로 하나님께서 전도의

미련한 것으로 믿는 자들을 구원 하시기를 기뻐하셨도다 22 유대인은 표적

을 구하고 헬라인은 지혜를 찾으나 23 우리는 십자가에 못박힌 그리스도를

전하니 유대인에게는 거리끼는 것이요 이방인에게는 미련한 것이로되 24 오

직 부르심을 입은 자들에게는 유대인이나 헬라인이나 그리스도는 하나님의

능력이요 하나님의 지혜니라 25 하나님의 미련한 것이 사람보다 지혜 있고

하나님의 약한 것이 사람보다 강하니라

"인간은 우연한 존재인가? 목적있는 존재인가?" 아마 이런 질문을 받아 본 적이 있을 것입니다. 혹은 자신에게 질문을 던져 본 적이 있을 것입니다. 인간 존재에 대한 관점에 있어서 사람들은 두 가지 중 하나의 관점을 갖고 있습니다. 하나는 인간이 우연히 존재하였다고 믿는 것이고, 다른 관점은 인간이 목적을 가진 존재로 창조되었다고 믿는 것입니다.

그리스도인이 되었다고 할 때 그것은 우리의 존재가 우연히 태어난 것이 아니라 하나님의 목적에 따라 창조되었음을 고백하는 것입니다. 우리는 우주가 우연히 존재하게 되었다고 믿지 않습니다. 또한 사람도 우연히 이 땅에 태어났다고 믿지 않습니다. 우주와 인간은 우연히 생겨나지 않았습니다. 모두가 하나님의 목적에 따라 존재합니다. 그리고 이 목적한 바에 따라 충실히 살 때 우리는 진정으로 행복한 삶을 살 수 있습니다. 만물이 보존되고 있는 이유도 여기에 있습니다.

예수님의 삶

예수님께서 이 땅에 오신 목적은 분명했습니다. 우선 예수님의 이름에서부터 분명하게 드러납니다. 가브리엘 천사가 말해 준 예수님의 이름에서 우리는 예수님의 소명을 볼 수 있습니다.

"아들을 낳으리니 이름을 예수라 하라 이는 그가 자기 백성을 저희 죄에서 구원할 자이심이라 하니라"(마1:21)

예수님은 자기 백성을 저희 죄에서 구원하실 분입니다. 이 분명한 목적을 가지고 주님은 이 땅에 오셨고, 사셨습니다. 이러한 하나님의 뜻 가운데 오신 예수님은 하나님의 부르심에 따라 30세에 공적인 삶을 시작하셨습니다. 이러한 예수님의 일생은 온전히 하나님의 목적을 이루는 삶이었습니다. 공생애 첫 시작에서부터 우리는 예수님의 분명한 소명을 알 수 있습니다. 예수님은 세례 요한으로부터 세례를 받고 하늘로부터 공식적인 임직을 승인 받습니다. 이후에 광야에서 40일 동안 금식하시고 시험을 이기십니다. 이렇게 준비가 끝나신 예수님은 공적인 삶을 살기 위해 사람들에게로 가셨습니다. 그리고 세상 가운데 오신 예수님은 사람들을 향해 말씀을 선포하셨습니다. 예수님은 첫 번째 선포에서 하나님께 받은 소명을 분명하게 나타내셨습니다.

"요한이 잡힌 후 예수께서 갈릴리에 오셔서 하나님의 복음을 전파하여 가라사대 때가 찼고 하나님 나라가 가까왔으니 회개하고 복음을 믿으라 하시더라"(막1:14-15)

예수님께서 사람의 몸을 입으시고 이 땅에 오셔서 하신 일은 다른 것이 아닙니다. 바로 복음을 전하는 일입니다. 하나님 나라가 가까이 왔으니 회개하고 복음을 믿으라는 외침입니다. 예수님은 이 일을 위하여 열정을 다하여 사셨습니다. 어떠한 상황에서도 흔들리지 않았습니다. 제자들의 무지 가운데 흔들릴 수 있는 상황에서도 주님은 자신이 오신 목적을 분명히 하셨습니다.

"예수께서 불러다가 이르시되 이방인의 소위 집권자들이 저희를 임의로 주관하고 그 대인들이 저희에게 권세를 부리는 줄을 너희가 알거니와 너희 중에는 그렇지 아니하니 너희 중에 누구든지 크고자 하는 자는 너희를 섬기는 자가 되고 너희 중에 누구든지 으뜸이 되고자 하는 자는 모든 사람의 종이 되어야 하리라 **인자의 온 것은 섬김을 받으려 함이 아니라 도리어 섬기려 하고 자기 목숨을 많은 사람의 대속물로 주려 함이니라**" (막10:42-45)

예수님은 하나님의 뜻에 따라 이 땅에 왔음을 한시도 잊지 않았습니다. 눈에 보이는 권력에 흔들리지 않고 오히려 더 분명하게 자신의 길을 가셨건 것도 그런 이유였습니다. 이러한 주님의 삶은 죽음 직전에도 변하지 않았습니다.

"조금 나아가사 얼굴을 땅에 대시고 엎드려 기도하여 가라사대 내 아버지여 만일 할만하시거든 이 잔을 내게서 지나가게 하옵소서 그러나 나의 원대로 마옵시고 아버지의 원대로 하옵소서 하시고"(마26:39)

감람산에서 제자들과 함께 기도할 때 주님은 육신의 마지막 날이 가까웠음을 알았습니다. 그러나 예수님은 흔들리지 않았습니다. 자신이 이 땅에 온 이유를 알고 있었기 때문입니다. 상황이 어렵고 힘들어도 결코 주님은 변하지 않았습니다. 하나님의 부르심에 끝까지 순종하였습니다. 바울은 이러한 예수님의 삶을 다음과 같이 증언하였습니다.

"너희 안에 이 마음을 품으라 곧 그리스도 예수의 마음이니 그는 근본 하나님의 본체시나 하나님과 동등됨을 취할 것으로 여기지 아니하시고 오히려 자기를 비어 종의 형체를 가져 사람들과 같이 되었고 사람의 모양으로 나타나셨으매 **자기를 낮추시고 죽기까지 복종하셨으니 곧 십자가에 죽으심이라**"(빌2:5-8)

예수님은 처음부터 끝까지 하나님의 부르심에 순종하였고 보내신 목적에 최선을 다해 살았습니다. 외적인 조건이 어려워도 흔들리지 않았습니다. 또한 너무 편하다고 해서 교만하지 않았습니다. 변함없이 사셨습니다. 이것이 예수님의 삶이 었습니다.

사도들의 삶

예수님의 삶은 자연스럽게 사도들에게 이어졌습니다. 사도들 역시 예수님의 삶을 본받았습니다. 자신을 사도로 부르신 그 목적을 한시도 잊지 않았습니다. 사도들은 이 땅에 보냄 받은 이유를 잘 알고 있었습니다. 그 증거는 가룟 유다 대신 맛디아를 사도로 뽑는 장면에서 볼 수 있습니다.

"이러하므로 요한의 세례로부터 우리 가운데서 올리워 가신 날까지 주 예수께서 우리 가운데 출입하실 때에 항상 우리와 함께 다니던 사람 중에 하나를 세워 **우리로 더불어 예수의 부활하심을 증거할 사람이 되게 하여야 하리라** 하거늘"(행1:21-22)

사도의 삶은 예수의 부활하심을 증거하는 사역입니다. 부활은 십자가 없이 이해 할 수 없습니다. 그러므로 부활을 전하는 일은 바로 십자가의 죽으심을 전하는 일입니다. 이렇게 사도로 부름 받은 이의 삶은 예수 그리스도의 십자가의 죽으심과 부활을 전하는 사역입니다. 이것이 사도의 사명이었습니다. 그리고 사도들은 이 명령에 죽을 때까지 순종하였습니다. 십자가에 죽은 자가 우주의 왕이라는 이 사실을 전하는 것이 얼마나 이상하게 보였겠습니까? 그러나 이 복음을 전하기 위하여 사도들은 자신의 생명을 바쳤습니다.

본문을 기록한 바울 역시 자신이 그리스도의 사도로 부름받은 이유를 잘 알고 있었기에 온갖 고난과 핍박 가운데서도 흔들리지 않고 그의 길을 갔습니다. 세상의 부귀와 영화를 쫓지 않았습니다. 얼마든지 누릴 수 있는 모든 부귀영화를 그는 포기했습니다. 그런 바울의 고백이 무엇입니까?

"그러나 무엇이든지 내게 유익하던 것을 내가 그리스도를 위하여 다 해로 여길뿐더러 또한 모든 것을 해로 여김은 **내 주 그리스도 예수를 아는 지식이 가장 고상함을 인함이라** 내가 그를 위하여 모든 것을 잃어버리고 배설물로 여김은 그리스도를 얻고"(빌3:7-8)

자신에게 유익하였던 것들을 배설물로 여겼습니다. 돈, 명예, 지식, 권력 등 모든 것을 배설물로 여겼습니다. 이렇게 할 수 있었던 것은 그리스도 예수를 아는 지식이 가장 복되기 때문입니다. 그 어떤 것보다 예수를 아는 지식이 가장 위대하였기에 자신에게 유익하던 것을 배설물로 여겼습니다. 우리의 신앙도 이 자리에 까지 자라나야 합니다. 배설물로 여길 수 있으려면 예수 그리스도의 위대함과 그의 사랑과 은혜를 확신해야 합니다. 바울의 배설물 신앙은 예수님의 대속물 신앙에서 나온 것입니다. 대속물이 되신 예수님은 자신의 몸까지 드렸습니다. 그러므로 내게 유익하던 것을 못 드릴 이유가 없습니다. 우리도 이와 같은 신앙에까지 자라가야 합니다.

그렇다면 바울의 사명은 무엇입니까? 본문 17절은 이러한 바울의 삶의 목적을 잘 기록하고 있습니다.

"그리스도께서 나를 보내심은 세례를 주게 하려 하심이 아니요 **오직 복음을 전케 하려 하심이니** 말의 지혜로 하지 아니함은 그리스도의 십자가가 헛되지 않게 하려 함이라"(고전1:17)

바울은 자신을 단지 세례를 주는 자로 보냄을 받았다고 말하지 않습니다. 물론 세례가 무익하다고 말하지 않습니다. 세례는 매우 중요합니다. 예수님의 마지막 명령은 세례를 주라는 말씀이었습니다.(마28:19) 바울 역시 예수님의 명령을 잘 알고 있었습니다. 그러나 바울 자신이 받은 사명은 많은 사람들에게 의식적인 세례를 베풀어서 사람들을 모으는 것이 아니고 세례가 세례되게 하는 복음을 전하는 일이었습니다. 세례가 중요하지만 복음의 핵심이 아닙니다. 복음의 내용이 없는 세례는 의미가 없습니다. 세례를 자랑의 표지로 생각하고 세례를 준 이들의 권위에 빌붙어서 자신의 신앙을 보장받고자 하는 모습은 성도의 바른 자세가 아닙니다. 바울은 이러한 생각을 가진 일부 성숙하지 못한 성도를 권면합니다. 그리고 그리스도의 십자가를 전합니다. 이렇게 바울은 자신의 소명에 대하여 분명하게 알고 있었습니다. 그러므로 이 복음을 전하는 일에 온 생애를 바칠 수 있었습니다.

바울이 온 생애를 바쳐 전한 것은 바로 '십자가의 도'(18절)였습니다. 본문에 '도'라고 말하는 것은 '설교, 메시지'라는 의미입니다. 21절에 '전도'라고 말한 것 역시 '설교, 메시지'입니다. 그러므로 바울이 전한 복음의 핵심은 바로 '십자가의 말씀, 십자가 설교' 였습니다. 어디를 가든 누구를 만나든 그가 전한 것은 십자가였습니다. 십자가를 설교하는 것이 바울의 사명이었습니다. 유대인을 만나도, 이방인을 만나도 십자가를 설교하였습니다.

사실 십자가를 전하는 것은 미련하게 보이는 일입니다. 더구나 멸망하는 자, 즉 택함을 받지 않은 자에게는 더더욱 십자가는 미련하게 보입니다. 본문 22-23절에서 바울은 아주 구체적으로 강조합니다.

"유대인은 표적을 구하고 헬라인은 지혜를 찾으나 우리는 십자가에 못박힌 그리스도를 전하니 유대인에게는 거리끼는 것이요 이방인에게는 미련한 것이로되"(고전1:22-23)

십자가가 미련한 이유

그렇다면 사람들이 십자가를 미련하게 보는 이유는 무엇입니까? 그것은 두 가지 이유로 생각할 수 있습니다.

첫째는 그 내용 때문입니다. 유대인들은 누구보다도 메시야를 고대하고 있었지만 그들이 기대하는 메시야는 정치적 지도자였습니다. 현실의 문제를 해결하고 삶의 질을 높여주는 그런 지도자를 기다리고 있었습니다. 이것이 유대인들이 원하는 표적이었습니다. 그런데 사도들이 전한 메시야는 볼품이 없었습니다. 그들이 기대하는 것과는 전혀 다른 모습이었습니다.

또한 이방인 특히, 헬라인으로 언급된 사람들은 그리스 철학자들입니다. 이들은 고상한 지혜를 통하여 진리에 이른다고 가르쳤고 그렇게 믿었습니다. 깊이 있는 학문과 번쩍이는 지혜를 추구하던 사람들에게 십자가에 달리신 예수 그리스도가 참 지혜라는 사실은 받아 들일 수 없는 것이었고, 동시에 조롱 거리가 되기에 충분하였습니다. 십자가가 이들의 눈에는 미련 하게만 보였던 것입니다.

둘째는 그 방법입니다. 세상을 구원할 메시야라는 분이 저항하지도 않고 십자가에서 죽으셨다는 것은 상식적으로 생각해도 미련하게 보입니다. 더구나 유대인들의 입장에서 볼 때 압박자들을 물리치고 다윗의 영광을 재현할 나라를 만들어야 하는데 무력하게 압박자들의 손에 죽임을 당하는 모습은 실망스러움 그 자체였습니다. 그래서 유대인들의 눈에 십자가의 예수는 무력한 존재일 뿐 구세주로 볼 수 없었습니다. 또한 헬라인이 생각하는 신과 영웅은 예수의 삶과 전혀 달랐습니다. 헬라인들이 가지고 있는 구세주의 모습은 영웅이었습니다. 그들에게는 헤라클레스, 포세이돈, 한니발, 알렉산더와 같은 엄청난 영웅들이 있었습니다. 그런데 예수님은 메시야라고 하기에는 초라하기 그지없었습니다. 자신도 구원하지 못한 채 십자가에서 죽음을 맞이하였는데 이를 메시야로 받아들이라는 것은 우스운 일이라며 조롱합니다.

이렇게 볼 때 십자가의 예수를 전하는 것은 분명 미련한 자세입니다. 무엇인가 다른 것이 필요하다고 생각할 수 있습니다. 유대인들이 원하는 방식대로 표적이 나타나야 합니다. 또한 이방인들이 요구하는 것처럼 성공한 그리스도, 훌륭한 지도자 그리스도, 긍정의 힘이신 예수를 전해야 합니다.

바울이 사람들이 원하는 대로 그리스도를 전했다면 결코 조롱 받지 않았을 것입니다. 자신에게 유익하던 것을 배설물로 여길 필요가 없었습니다. 표적을 나타내고, 성공의 표지를 강조하였다면 사람들은 바울을 멸시하지 않았을 것입니다. 좋은게 좋다고 이야기하고 성공의 모델을 알려주는데 무슨 조롱과 멸시가 있겠습니까? 요즘 얼마나 많은 이들이 교회를 성장시키고자 유대인들과 헬라인들이 좋아하는 일을 많이 하는지 모릅니다. 그래서 교회를 배가 시키고 있습니다. 부의 복음이 얼마나 인기를 얻고 있는지 모릅니다. 우스운 소리들이 강단을 점령하고 있습니다. 정말로 예배인지, 쇼인지 구별하지 못하는 현실이 되었습니다. 시대가 변해서 사람들이 복음을 듣지 않으니 쇼가 필요하다고 말합니다. 마치 헬라인들처럼 지혜가 필요하다고 하면서 강단을 공연장으로 만들고 있습니다. 그리고 성장이라는 소기의 성과를 보이고 있습니다.

그런데 바울은 이러한 일을 하지 않았습니다. 바울이 무지한 사람입니까? 아닙니다. 바울은 누구 못지 않게 많은 지식을 가진 사람이었습니다. 그런 바울이 왜 이렇게 미련한 일을 한 것입니까? 도대체 왜 스스로 조롱 받을 것을 알면서 십자가를 설교하였습니까? 그것은 십자가 만이 하나님의 방법이었기 때문입니다. 십자가의 그리스도만이 구원에 이르는 길이기 때문입니다. 본문 18절과 24절을 보겠습니다.

"십자가의 도가 멸망하는 자들에게는 미련한 것이요 구원을 얻는 우리에게는 하나님의 능력이라"(고전1:18)

"오직 부르심을 입은 자들에게는 유대인이나 헬라인이나 그리스도는 하나님의 능력이요 하나님의 지혜니라"(고전1:24)

십자가는 하나님의 능력입니다. 어떤 능력입니까? 멸망하는 자에게는 미련하지만 부르심을 받은 자, 구원을 얻은 자에게는 하나님의 능력입니다. 하나님의 능력은 바로 십자가의 말씀입니다. 그러므로 바울은 다른 것을 전할 수 없었습니다. 십자가에 못 박힌 그리스도를 전하는 것이 유일한 답이었습니다. 십자가에 못 박힌 예수를 전할 때 하나님의 능력이 나타나기 때문입니다. 하나님의 능력은 회생이 불가능한 것처럼 보이는 인간을 변화시킵니다. 율법주의자, 철학자, 사회주의자, 자본주의자 모두 변화시킵니다. 이것이 바로 하나님의 능력입니다.

십자가를 전할 때 구원 받기로 작정된 자는 믿음으로 화답합니다. 여기에는 유대인도, 헬라인의 구분이 없습니다. 십자가에 못 박힌 예수를 만날 때 구원의 역사가 일어납니다. 우리의 눈에 미련하게 보이지만 하나님은 십자가에 못 박힌 예수 그리스도를 통해 우리를 구원하십니다.

바울은 누구보다 구원의 길을 명확히 알고 있었기에 멸망으로 가는 길을 전할 수 없었습니다. 바울의 외침은 오늘도 동일합니다. 멸망으로 가는 길은 쉽습니다. 십자가를 잊어버리면 됩니다. 십자가 없이 영광을 구하면 가능합니다. 십자가 없는 즐거움을 누리면 됩니다. 십자가 없이 신앙생활하면 됩니다. 그러면 반드시 멸망의 자리에 설 것입니다.

구원에 이르는 길

구원에 이르는 길은 분명합니다. 그것은 십자가의 복음을 듣고 십자가의 말씀을 듣는 일입니다. 이 말씀을 통하여 우리는 구원의 자리에 설 수 있습니다. 하나님은 구원의 방법으로 다른 길을 제시하지 않았습니다. 구원에 이르는 길, 참된 거룩에 도달하는 길, 하나님의 능력을 맛보는 길은 오직 십자가의 말씀을 듣는 일입니다. 이것이 하나님의 방법입니다. 아주 단순합니다. 십자가의 말씀을 들을 때 우리는 구원의 자리에, 그리고 영원한 영광에 자리에 설 수 있습니다.

"십자가의 도가 멸망하는 자들에게는 미련한 것이요 구원을 얻는 우리에게는 하나님의 능력이라 기록된 바 내가 지혜 있는 자들의 지혜를 멸하고 총명한 자들의 총명을 폐하리라 하였으니 지혜 있는 자가 어디 있느뇨 선비가 어디 있느뇨 이 세대에 변사가 어디 있느뇨 하나님께서 이 세상의 지혜를 미련케 하신 것이 아니뇨 하나님의 지혜에 있어서는 이 세상이 자기 지혜로 하나님을 알지 못하는고로 하나님께서 전도의 미련한 것으로 믿는 자들을 구원 하시기를 기뻐하셨도다"(고전1:18-21)

하나님은 구원에 이르는 방법을 분명하게 알려주셨습니다. 그것은 십자가의 말씀입니다. 십자가를 전하는 말씀을 통하여 구원에 이르게 하십니다. 사람들은 삶의 문제를 해결하기 위하여 온갖 노력을 다하였습니다. 지혜와 총명을 총동원하여 인간의 문제를 해결하려고 하였습니다. 우주는 어떻게 생겼으며, 인간은 어디에서부터 왔으며, 오늘날의 부조리함의 이유는 무엇이며, 사람에게는 왜 욕심이 생겨나서 전쟁을 하는지, 또한 인간은 왜 죽을 수 밖에 없는지, 그리고 죽음 이후에는 무엇이 있는지 알고자 온갖 지혜가 동원되었습니다.

역사에 많은 자연종교가 생겨난 것은 좀 더 나은 삶을 추구하기 위함입니다. 또한 20절 말씀처럼 지혜로운 사람, 선비 즉 율법학자들, 오늘날로 치면 종교인들, 변사 즉 논쟁을 좋아하는 사람들, 일종의 철학자들이 시대마다 나타나서 삶의 문제를 해결한다고 하였습니다. 그러나 여전히 삶의 문제들은 해결되지 않은 채 남아있고 논쟁만이 계속되고 있습니다. 이러한 것들은 인간이 가지고 있는 삶의 문제를 결코 해결 할 수 없습니다. 인간의 문제는 하나님을 만나야 해결 될 수 있습니다. 이 세상의 지혜로는 하나님을 알 수도 없고 만날 수 도 없습니다. 그러므로 세상은 소망 없이 멸망의 구렁으로 달려갑니다. 그런데 하나님께서 친히 그 길을 알려주셨습니다.

"하나님의 지혜에 있어서는 이 세상이 자기 지혜로 하나님을 알지 못하는고로 하나님께서 전도의 미련한 것으로 믿는 자들을 구원하시기를 기뻐하셨도다"(고전1:21)

전도의 미련한 것

세상의 지혜가 아무리 놀랍더라도 하나님을 알 수 없습니다. 하나님을 알 수 없으니 삶의 문제를 해결 받을 수 없습니다. 결국 멸망의 자리에 떨어집니다. 그러므로 하나님께서 전도의 미련한 것을 통하여 구원하시기로 하셨습니다. 전도의 미련한 것이 무엇입니까? 앞서 잠시 보았듯이 '십자가의 도, 십자가의 복음'입니다. 이 복음을 듣는 자가 구원에 이르게 됩니다. 하나님은 이적이나 표적, 또는 철학이나 엄청난 웅변을 통해 사람들을 굴복시키지 않습니다. 십자가의 말씀을 통하여 구원하시기를 기뻐하십니다.

하나님께서 이렇게 하심은 17절에서 언급한대로 그리스도의 십자가가 헛되지 않게 하기 위함입니다. 십자가의 복음은 아주 단순합니다. 복잡하지 않습니다. 배운 자나 배우지 못한 자에게나 차별이 없습니다. 기교가 필요 없습니다. 오직 십자가에서 우리를 위하여 죽으신 예수를 전하기만 하면 성령께서 역사하셔서 사람들을 구원에 이르게 하십니다. 그러므로 구원에 이르는 길에는 사람이 자랑할 것이 하나도 없습니다. 누구도 예외가 없습니다. 모든 나라, 모든 사람이 구원에 이르는 길은 십자가의 복음을 듣는 것입니다. 십자가의 도가 구원에 이르게 합니다. 십자가의 말씀을 들을 때 하늘의 영광이 나타납니다. 다른 것이 필요하지 않습니다. 오직 필요한 것은 십자가입니다.

우리가 전해야 할 것

예수께서 우리 죄를 위하여 십자가에서 죽으셨습니다. 우리의 모든 문제를 지시고 십자가에서 죽으셨습니다. 죽음도 짊어지고 십자가에서 죽으셨습니다. 그러므로 누구든지 십자가에 달리신 예수 그리스도를 듣고 믿을 때 영광이 주어집니다.

다른 것을 들으려고 하지 마십시오. 십자가의 복음이면 됩니다. 우리를 위하여 죽으신 예수 그리스도의 십자가만 바라보십시오. 하나님은 이 복음으로 우리를 인도하십니다. 이상한 가르침에 속지 마십시오. 이적이나 환상에 흔들리지 마십시오. 마지막이 올 수록 미혹의 영들이 날 뜁니다. 주님은 "그리스도가 여기 있다. 저기 있다." 하는 자들이 일어 날 것이라고 경고 하셨습니다. 이렇게 영적으로 혼탁한 시대에 우리가 굳게 가지고 있어야 할 것은 십자가의 복음입니다.

지금 우리 시대는 점점 진리의 불이 식어지고 있습니다. 이상한 가르침이 우리를 미혹하고 있습니다. 세상이 변하였으니 교회도 변해야 한다고 합니다. 얼핏 들으면 맞는 말입니다. 그러나 정신 차라지 않으면 진리도 변하게 됩니다. 실제로 우리는 그런 징조를 목격하고 있습니다. 이제 십자가의 복음이 들려지지 않습니다. 성경은 십자가 없이 구원이 없다고 말합니다. 그런데 십자가가 점점 거추장스러운 것이 되어가고 있습니다. 십자가의 복음이 사라지면 교회도 무너집니다. 그러면 어디서 구원의 소리를 들을 수 있습니까? 그러므로 더더욱 마지막이 가까울수록 십자가의 복음을 들어야 합니다. 십자가만이 우리를 구원할 수 있습니다. 우리가 전해야 할 것은 단순한 십자가의 복음입니다. 심리학이 아닙니다. 화려한 인지 과학도 아닙니다. 경영학도 아닙니다. 교육학도 아닙니다. 정치도 아닙니다. 이것은 우리의 삶에 유익은 줄 수 있지만 구원에 이르게 할 수 없습니다. 우리가 찾고, 듣고, 간직하고, 나누어야 할 것은 "십자가"입니다.

이렇듯 우리가 자랑하고 전해야 할 것은 오직 예수 그리스도의 십자가입니다. 우리의 모든 죄를 지시고 죽으신 그 십자가가 우리를 구원에 이르게 합니다. 우리로 하여금 소망이 있는 삶을 살게 합니다. 이 십자가의 복음을 위하여 사는 것이 바로 우리의 삶입니다. 그러므로 무엇보다도 십자가를 사랑하시기 바랍니다. 십자가를 즐거워하시기 바랍니다. 십자가를 전하시기 바랍니다. 십자가가 증거 될 때 성령은 그 가운데 역사하십니다. 그러면 세상의 지혜로 알 수 없는 구원의 비밀을 알게 됩니다. 이것이 하나님의 방법입니다. 그 무엇보다도 십자가를 깊이 알고 묵상하는 삶이 되기를 소망합니다. 십

자가는 하나님의 능력입니다. 이 놀라운 복음으로 충만하기
를 소망합니다.

십자가의 의미

고전2:1-2

형제들아 내가 너희에게 나아가 하나님의 증거를 전할 때에 말과 지혜의 아

름다운 것으로 아니하였나니 내가 너희 중에서 예수 그리스도와 그의 십자가

에 못박히신 것 외에는 아무 것도 알지 아니하기로 작정하였음이라

순례자의 길

신앙은 백미터 달리기가 아닙니다. 신앙은 마라톤입니다. 긴 여정을 가야 합니다. 그래서 신앙을 순례자의 길에 묘사합니다. 순례자는 아무런 방향 없이 가는 방랑자가 아닙니다. 가야 할 목적을 분명하게 알고 길을 떠나는 자입니다. 이런 의미에서 그리스도인은 본향을 향해 떠나는 순례자입니다. 그런데 본향을 향해 긴 여정을 걸어가려면 단단히 준비해야 합니다. 그렇지 않으면 얼마 못 가서 큰 낭패를 당하고 되돌아 올 수밖에 없습니다. 긴 여정에는 무수히 많은 장애물들이 도사리고 있습니다. 더구나 본향을 향해 가는 신앙의 길은 좁은 문을 통과하여 좁은 길로 가야 합니다. 이 길은 결코 쉽고 가벼운 길

이 아닙니다. 그렇다고 늘 고난만 있는 것도 아닙니다. 때때로 기쁨과 즐거움이 있습니다. 그리고 마침내 영광의 자리에 이르는 길이 됩니다. 하지만 이 과정은 결코 만만치 않습니다. 그래서 멋지게 신앙생활을 하고, 간증도 하면서 살았던 성도들이 어느 순간 불신자보다 못한 삶을 살고 있는 것을 볼 수 있습니다. 이 모든 것이 신앙의 여정 가운데 생길 수 있습니다.

이러한 영적 여정을 누구보다 세밀하게 묘사한 사람이 존 번연입니다. 존 번연은 '천로역정'을 통하여 성도의 삶이 어떠한지 잘 보여주고 있습니다. 천국에 이르는 길에는 수없이 많은 유혹들이 있습니다. 그래서 준비가 허술하면 천국 문 앞에서도 슬픔을 삼킬 수밖에 없습니다. 누구든지 예수 믿는 믿음이 주는 그 찬란한 기쁨을 만끽하며 마침내 그 영광을 풍성하게 누릴 수 있으려면 영적 여정을 위한 준비를 잘 하여야 합니다.

신앙의 근본

영적 여정을 위해 준비해야 하는 첫 번째는 신앙의 근본을 점검하는 일입니다. 무엇이 구원 받은 성도들이 가지고 있어야 할 신앙의 근본입니까? 그것은 바로 '십자가 신앙'입니다. 바울은 본문 2절 말씀을 통하여 자신 있게 고백합니다. "예수 그리스도와 그의 십자가에 못 박히신 것 외에는 아무 것도 알지 아니하기로 작정하였습니다." 이것은 정말 놀라운 고백입니다. 한 사람의 인생의 모든 것이 단 한 문장에 담겨있기 때문입니다.

예수 그리스도와 그의 십자가에 못 박히신 것이 바울이 살아가는 이유였습니다. 또한 그가 걸어가는 신앙의 긴 여정에 있어서 가장 중요한 가치였습니다. 다시 말한다면 바울에게 "당신의 삶에서 가장 중요하게 여기는 것이 무엇입니까?" 라고 묻는다면 그는 주저 없이 "예수 그리스도의 십자가입니다." 라고 말할 것입니다. 이것이 바울의 한결같은 고백입니다.

십자가의 본질적 의미

그렇다면 바울이 예수 그리스도의 십자가를 자신의 삶에서 가장 중요한 가치로 여긴 이유가 무엇입니까? 바울에게 있어서 예수 그리스도의 십자가는 '생명'이었습니다. 뿐만 아니라 삶의 본질적 문제를 해결할 수 있는 '열쇠'였습니다. 바울은 이 사실을 조금도 의심하지 않았습니다. 이러한 십자가는 바울에게 있어서만 생명이 아닙니다. 우리의 삶에서도 동일합니다. 또한 모든 그리스도인의 삶에 주어진 문제의 해결도 바로 예수 그리스도의 십자가입니다.

신앙의 긴 여정을 걸어가야 할 성도들이 예수 그리스도의 십자가를 준비하지 않는다면 그는 반드시 의심과 절망과 낙담과 우울함에 빠질 것입니다. 그러므로 이러한 절망의 자리에 떨어지지 않으려면 반드시 예수 그리스도의 십자가를 준비하여야 합니다. 우리의 삶의 이정표이자 힘의 근원이 바로 예수 그리스도의 십자가에 있기 때문입니다.

고린도 교회의 위기

본문은 고린도 교회에 보내는 바울 사도의 서신입니다. 바울이 복음을 전하기 전에 고린도에는 교회가 없었습니다. 바울이 복음을 전하고 난 뒤에 비로소 교회가 세워진 곳입니다. 그러므로 고린도 교회는 바울의 영향이 큰 지역입니다. 또한 고린도는 무역항이 있는 도시입니다. 일반적으로 항구 도시에는 다양한 문화가 공존합니다. 다양한 문화는 다양한 종교를 포함합니다. 그리고 뜨내기들이 많을 수밖에 없는 특징으로 성적인 타락을 부추길 수 있는 요소들이 많습니다. 무역항의 모습답게 많은 돈이 오감으로 온갖 종류의 사치와 허영과 탐욕 등 악이 넘쳐나는 지역이기도 합니다. 한마디로 복음을 전하기가 쉽지 않은 곳입니다.

행18:1-18은 바울의 이러한 어려움을 말해줍니다. 데살로니가 지역에서 베뢰아로 그리고 아덴으로 옮기면서 전도하였던 바울은 아덴을 떠나 고린도에 머물면서 1년 반 정도를 가르쳤습니다(행18:11). 어려운 지역이지만 하나님은 바울의 전도를 통하여 고린도에 교회를 세웠습니다. 하지만 데살로니가로부터 따라온 유대인의 난폭한 행동 때문에 고린도를 떠날 수 밖에 없었습니다. 어렵고 힘든 지역이었던 고린도에 교회를 세웠던 바울은 수리아를 거쳐 머나먼 복음 전도의 길을 떠납니다.

고린도 교회는 지도자 없이 홀로 남겨졌으나 바울이 전한 복음을 잘 준행하면서 성장하기 시작했습니다. 하지만 바울이 오랜 시간 동안 고린도 교회를 떠나 있자 교회 안에 크고 작은 문제들이 생겨났습니다. 그 중 하나가 고린도 교회에 거짓 선지자들이 들어와서 교회를 혼란케 한 것입니다. 이로 인하여 고린도 교회는 바울이 떠난 지 얼마 안 되어 거짓 선지자들 때문에 위기를 맞았습니다. 선교의 현장에서 이러한 문제를 들은 바울은 친히 가서 해결하고자 하였지만 상황이 여의치 않았습니다. 결국 서신을 통하여 하나님의 교회가 가야 할 길을 권면하였습니다.

돈과 권력과 쾌락, 다양한 문화가 공존하는 도시에 세워진 교회는 언제든지 유혹을 받을 수 있습니다. 모두가 쉽게 사는 세상이기에 좀 더 어렵게 살려고 하면 바보 취급 받을 수 있습니다. 더구나 세련된 문화가 자리 잡고 있는 지역에 구닥다리 문화는 가벼운 취급을 당할 수 있습니다. 교회는 이러한 세련된 문화의 현장에 구식으로 자리 잡을 수 있습니다.

특히 설교자는 세상 문화 속에서 더욱 많은 유혹을 받습니다. 좀 더 세련되게 설교 할 수 없는지, 삶에 유익이 되는 설교를 해야 되지 않는지, 십자가 복음에 대한 설교보다 삶의 지혜를 나누어주고, 앞으로 살아가야 할 지식을 전해주어야 하지 않는가? 많은 사람들이 지치고 힘든 영혼들을 위로해주는 설교와 성공적인 인생을 살 수 있는 길을 알려주는 설교를 요구합니다. 또는 '교회는 설교보다 좀 더 문화적인 독창성이 필요하지 않을까? 새로운 교회가 필요한 것은 아닌가?' 하는 생각으로 순수한 복음을 훼손시키고 다른 것으로 색칠할 것을 요청합니다. 그리고 본질의 가르침 보다는 우리의 가려운 곳을 긁어주는 말의 지혜를 기대합니다. 실제로 사람들은 이런 설교 듣기를 좋아합니다. 귀를 간지럽게 해주는 말을 좋아합니다. 고린도 교회도 마찬가지였습니다.

"그리스도께서 나를 보내심은 세례를 주게 하려 하심이 아니요 오직 복음을 전케 하려 하심이니 말의 지혜로 하지 아니함은 그리스도의 십자가가 헛되지 않게 하려 함이라" (고전1:17)

여기서 말하는 '말'의 원 의미는 '설교' 혹은 '전도'라고 할 수 있고, '지혜'는 '삶의 지식' 혹 '내용'이라 할 수 있습니다. 고린도 교회 사람들은 설교에 특별히 자신들이 듣기에 좋은 지혜를 요청하였습니다. 그래서 그 지혜로 사람을 설득하고자 하였습니다. 하지만 바울은 자신이 설교할 때에 말의 지혜로 하지 않는다고 말합니다. 그것은 그리스도의 십자가를 헛되게 하는 것이라 말합니다.

바울이 이렇게 말함은 자신은 설교에 있어서 세상적인 지혜로 채우지 않겠다는 선언입니다. 강단에서 온갖 지식을 동원하여 자신의 똑똑함을 뽐내는 것은 그리스도로부터 부름 받음이 아니라는 생각입니다. 우리는 종종 무엇인가를 알면 뽐내기를 원합니다. 조금 아는 지식을 가지고 자신을 드러냅니다. 온갖 종류의 학식 있는 이들의 이름을 언급하면서 말합니다.

얼마 전 한 형제와 이야기를 나누는 중에 기가 막힌 일을 들었습니다. 미국의 한 신학교에서 목사라는 직임을 가진 사람이 설교 시간에 오직 공자이야기만 열심히 말하고 내려간다는 것입니다. 공자의 이야기에는 지혜가 많이 담겨 있습니다. 생각을 하게 하는 지식이 있습니다. 하지만 이것이 생명을 살리는 것은 아닙니다. 그러므로 바울은 말의 지혜로 전하지 않겠다고 말합니다. 오직 그리스도의 십자가만을 전하겠다고 선포합니다.

그런데 바울은 말의 지혜로 전하지 않을 뿐더러 하나님을 증거하는 일에 "말과 지혜의 아름다운 것으로도 아니하였다"고 강조합니다.(고전2:1) 이것은 앞서 전한 것과 약간 구별이 필요합니다. 이 말씀은 하나님을 증거 하는 일 즉, 복음 전도와 설교에 있어서 바울이 가지고 있는 자세를 선명하게 보여줍니다. 말과 지혜의 아름다움이란 칼빈이 말하는 것처럼 '주제를 기술적으로 잘 선택하고, 지혜롭게 배열하며 문제를 잘 다듬는 유창한 능력'이라 할 수 있습니다. 바울은 복음을 전하는 일에 이러한 아름다움을 추구하지 않는다고 말합니다. 그것은 성령의 능력을 무시하게 되기 때문입니다. 바울은 확신하였습니다. 믿음은 말과 지혜의 아름다움에 있는 것이 아니라 성령의 능력으로 되는 역사입니다.

"내 말과 내 전도함이 지혜의 권하는 말로 하지 아니하고 다만 성령의 나타남과 능력으로 하여 너희 믿음이 사람의 지혜에 있지 아니하고 다만 하나님의 능력에 있게 하려 하였노라"(고전2:4-5)

바울이 더욱 중시한 것은 자신의 지식이나, 복음을 전하는 유창한 능력보다 바로 성령의 능력이었습니다. 비록 그 모습이 부족하고 세련되지 못할 지라도 혹은 시대가 요구하는 것에 맞지 않는다 할지라도 복음의 내용인 예수 그리스도의 십자가를 전하기로 하였습니다. 왜냐하면 예수 그리스도의 십자가는 성령이 역사하는 능력이기 때문입니다.

사람과 세상의 변화는 유창한 미사어구나 잘 짜인 세상의 지혜가 아니라 바로 예수 그리스도의 십자가입니다. 사실 이 세상은 달콤한 이야기들로 사람들을 유혹합니다. 강단에 서는 이들에게 성도들을 잘 설득할 수 있는 심리적 기술은 많은 도움이 됩니다. 하지만 바울은 이것도 포기합니다. 그리고 성령을 의지합니다. 바울은 원색적인 그리스도의 십자가를 투박하게 전하겠다는 것입니다. 그리고 성령님께 맡깁니다. 성령은 예수 그리스도의 십자가를 통하여 능력을 나타내십니다. 그러므로 누구든지 예수 그리스도의 십자가 앞에 나오면 믿음을 가질 수 있음을 확신 하였습니다. 사람은 세상의 지혜로 설복 당하는 것이 아니라 그리스도의 십자가를 통한 성령의 능력으로 설복 당합니다. 그리고 마침내 믿음을 고백합니다. 바울은 이 사실에 결코 흔들리지 않고 복음을 전했습니다.

세상의 현실

하지만 세상은 그렇지 않습니다. 세련된 미사어구가 자주 가미되고 당대의 지혜자들의 이야기를 나누어주는 것을 좋아합니다. 십자가라는 옛날이야기 말고 현대적인 이야기를 요구합니다. 십자가 설교가 사람을 변화시키고 세상을 변화시킨다고 생각하지 않습니다. 이렇게 급변하는 시대에 필요한 것은 새 시대에 맞는 지혜라고 말합니다. 이러한 요구는 현재만 그런 것이 아니라 역사 가운데 언제나 존재하였습니다. 그럴 때 마다 세상의 지혜자라고 자처하는 인물들이 나왔습니다. 철학자들이 자신들의 생각을 통하여 세상을 이끌려고 하였습니다. 그래서 이러한 철학자들의 사상을 언급하지 않으면 시대에 뒤떨어진 존재라고 여깁니다. 하지만 이들은 곧 사라지는 존재입니다.

더구나 사람들은 교육에 열을 냅니다. 교육이 삶의 질을 높일 수 있을 것이라 생각하기 때문입니다. 아직도 가계 지출의 상당부분은 교육비입니다. 왜 이렇게 난리입니까? 교육이 만병통치약이라고 생각하기 때문입니다. 하지만 불행하게도 교육을 그렇게 많이 받았다고 세상이 변화되고 있습니까? 우리나라 대학생들이 일 년에 200-300명이 자살하고 있습니다. 청소년들의 자살은 상상을 초월합니다. 얼마 전 카이스트 학생들과 교수의 자살은 교육이 사람과 사회를 변화시키는 것이 아님을 잘 보여줍니다.

또한 경제적으로 여건이 어려우면 사람들은 돈을 잘 벌어 성공한 사람들의 이야기에 정신을 팝니다. 서점에 가면 빌 게이츠, 스티브 잡스, 워렌 버핏, 잭 웰치, 이병철, 정주영 등 성공한 경영인들의 책이 날개 돋친 듯 팔립니다. 경영인들의 삶이 대단한 것은 부인할 수 없지만 이것이 참다운 삶을 나타내지 않습니다. 이러한 이야기들을 들을 때 흥분할 수는 있으나 잠시 있다 사라지는 안개와 같은 허상입니다.

한 때 '정의란 무엇인가?'라는 책이 최고 인기를 얻었습니다. 그 책이 100쇄나 인쇄되었다고 합니다. 쉽지 않은 책인데 고등학생들 까지도 이 책을 읽고 있습니다. 그래서 일부의 사람들은 이러한 변화를 보면서 미래에 소망이 있다고 말합니다. '정의란 무엇인가?'는 좋은 책이며 훌륭한 생각과 비전을 주는 책입니다. 하지만 세상의 미래는 세상의 지혜에 있지 않습니다. 책이 100쇄나 팔렸다고 세상이 변화된다면 이미 세상은 아름다워 졌어야 합니다. 하지만 이러한 것은 삶의 유익은 주지만 본질적인 삶은 변화시키지 못합니다.

우리의 현실이 이것을 증명하고 있지 않습니까? 수없이 많은 철학자들이 있었습니다. 위대한 교육가들도 있었습니다. 말만하면 알 수 있는 대단한 경영인들과 정치인들이 있습니다. 하지만 우리가 사는 세상은 여전히 전쟁과 경제적 불평등이 만연되어 있습니다. 아직도 이 세상에는 굶어 죽는 사람이 얼마나 많은지 모릅니다. 세상의 절반은 굶주리고 있다는 소식도 있습니다. 멀리까지 나가지 않아도 됩니다. 우리나라를 보시기 바랍니다. 고등교육이 일반화 되었지만 정직한 사회로 보기에는 한참 멀었습니다. 이렇듯 철학, 교육, 경제, 가치도 사람과 세상을 변화시킬 수 없습니다.
이 모든 것들은 다 지나갈 것입니다.

"그러나 우리가 온전한 자들 중에서 지혜를 말하노니 이는 이 세상의 지혜가 아니요 또 이 세상의 없어질 관원의 지혜도 아니요" (고전2:6)

세상의 지혜는 다 지나갑니다. 프란시스 쉐퍼 목사님은 그의 책에서 서양철학을 말하면서 철학은 앞선 사람의 것을 뒤에 온 사람이 지우고 다시 쓰는 것의 연속이라고 하였습니다. 곧 사라질 것이기에 사람과 사회의 본질적 문제를 해결하는 것은 불가능합니다.

바울은 이 사실을 잘 알고 있었습니다. 그러므로 바울은 "내가 너희 중에서 예수 그리스도와 그의 십자가에 못 박히신 것 외에는 아무 것도 알지 아니하기로 작정하였음이라" 라고 하였습니다. 바울이 이렇게 말한 것은 갑자기 든 생각을 감정적으로 말하는 것이 아닙니다. 모든 것을 생각해 본 결과 확실한 결론에 이르렀음에 대한 고백입니다.

바울의 증거처럼 우리의 문제를 해결하는 참된 길은 그리스도의 십자가 외에는 없습니다. 왜 그렇습니까? 우리의 문제는 배우지 못한 데서 오는 문제가 아니기 때문입니다. 철학의 문제나 경제의 문제가 아니기 때문입니다. 바울같은 사람이 시대의 문제를 몰랐겠습니까? 누구보다 뛰어난 인물입니다. 그는 고린도에 오기 전에 아덴에서 헬라인들과 변론할 정도의 지식인이었습니다. 그런 바울이 시대의 문제를 위한 답으로 그리스도의 십자가를 말합니다.

우리의 문제

우리의 문제는 바로 하나님을 떠나 죄에 머물고 있다는 것입니다. 하나님과 교제 할 수 있는 자리에 있던 인간은 탐심으로 인해 타락했습니다. 그리고 하나님을 대적하며 자신의 성을 쌓는 일에 열심을 내었습니다. 점점 하나님을 멀리하고 자신의 지혜로 살고자 하였습니다. 하나님 없이도 얼마든지 살수 있다는 생각이 사람들을 지배하였습니다. 하지만 그 결과로 나타난 것이 무엇입니까? 죄로 만연된 세상입니다. 죄가우리의 문제를 만들었습니다. 철저하게 이기주의 세상을 만들어 버렸습니다. 이 문제를 해결하기 위해 모든 지식이 동원됩니다. 하지만 역사는 여전히 불안합니다. 이렇게 불안한 역사를 해결할 수 있는 길은 오직 하나님과 화목입니다. 하나님을 떠난 사람들이 다시금 하나님 품으로 돌아와야 합니다. 이것이 유일한 길입니다.

그러므로 바울은 이것을 전하는 일에 자신의 생애를 바치겠다고 서원한 것입니다. 사람과 세상은 구원이 임해야 변화가 됩니다. 구원 받은 이에게 세상의 지혜는 바르게 쓰여 질수 있습니다. 그렇지 않다면 세상의 지혜는 하나님의 능력을 나타내는데 아무런 영향력을 주지 않습니다. 바울이 예수 그리스도와 그의 십자가에 못 박히신 것 외에는 아무 것도 알지 아니하기로 작정하는 이유가 바로 여기 있습니다. 예수 그리스도의 십자가가 유일한 길입니다.

사도가 보았던 우리 삶의 문제는 바로 그리스도의 십자가 아래서 해결됩니다. 하나님께서 바울을 사도로 부르신 것은 바로 이것을 전하기 위함입니다. 십자가는 하나님이 세상을 사랑하시고 구원하시는 방법입니다. 하나님은 예수 그리스도의 십자가의 죽으심을 통하여 우리의 문제를 해결합니다. 그러므로 세련되지 않더라도, 혹은 잘 구성되어 있지 않더라도 지식인들이 보기에 합당하지 않더라도 관계없습니다. 나는 담대하게 복음을 전하겠다는 것입니다. 이것이 바울의 자세입니다.

십자가는 화목의 길

바울은 삶의 문제가 무엇인지, 시대의 문제가 무엇인지 잘 알고 있었습니다. 그러기에 그 해결점도 알고 있었습니다. 누구보다도 모든 상황에 대해 의심할 것 없이 잘 알고 있었던 바울이 십자가를 강조하는 이유입니다. "십자가는 하나님과 우리 사이를 화목하게 만들어 주는 유일한 길입니다." 우리가 살아가는데 다가오는 모든 문제의 근원이었던 하나님과의 분리를 이어줄 수 있는 유일한 방법이 바로 십자가에 있습니다.

예수 그리스도의 십자가는 하나님의 은혜를 맛보게 합니다.

"그의 십자가의 피로 화평을 이루사 만물 곧 땅에 있는 것들이나 하늘에 있는 것들을 그로 말미암아 자기와 화목케 되기를 기뻐하심이라"(골1:20)

그리스도의 십자가는 우리와 하나님 사이를 화목하게 하였습니다. 그리고 참된 평안을 누리며 살 수 있는 길을 알려 주셨습니다. 그리스도의 십자가가 없는 세상은 언제나 반목하고 시기하고 질투 합니다. 하지만 그리스도의 십자가가 있는 곳에 참된 평화가 옵니다. 십자가에서 죽으신 그리스도로 말미암아 하나님과의 온전한 화목이 이루어졌기 때문입니다. 이것이 우리가 살아가는 삶의 의미이며, 참된 가치입니다. 예수 그리스도의 십자가 없이 우리는 하나님과 화목할 수 없습니다. 하나님과의 화목이 없다면 우리는 참된 평안을 영원히 맛 볼 수 없습니다.

화목을 넘어선 큰 선물

그러나 십자가는 하나님과의 화목을 넘어서 더 큰 선물을 줍니다. 십자가에서 죽으신 예수 그리스도는 우리에게 지혜와 의로움과 거룩함과 구속함이 되었습니다. 고전1:30절은 이 사실을 분명하게 증거합니다.

"너희는 하나님께로부터 나서 그리스도 예수 안에 있고 예수는 하나님께로서 나와서 우리에게 지혜와 의로움과 거룩함과 구속함이 되셨으니"(고전1:30)

예수님은 우리에게 있어서 지혜와 의로움과 거룩함과 구속함입니다. 이것이 바로 십자가의 은혜입니다. 그로샤이데 교수는 "예수님은 우리가 하나님을 알 수 있는 통로가 되도록 하나님께로서 온 우리의 지혜"라고 말합니다. 예수 그리스도는 하나님을 아는 지혜입니다. 하나님의 사랑을 아는 지혜입니다. 하나님의 구원을 아는 지혜입니다. 하나님을 만나는 지혜입니다. 그러므로 예수 그리스도 없이 하나님의 영광을 알 수도 없고 볼 수도 없습니다. 오직 예수 그리스도만이 참된 통로입니다.

그리고 예수님은 우리의 의입니다. 참되고 온전한 의가 바로 예수 그리스도입니다. 그런데 우리가 이 예수 그리스도와 연합됨으로 단번에 의인이 되었습니다. 죄인이었던 우리가 그리스도와 연합됨으로 의인이 되었습니다. 여기에 십자가의 은혜가 있습니다.

그러나 의롭다 함에서 끝나지 않습니다. 의인은 지속적인 거룩의 과정을 거쳐야 합니다. 우리가 거룩함을 따르는 것은 바로 우리 주님이 거룩하신 분이기 때문입니다. 날마다 거룩의 과정을 걸어야 합니다. 그것이 십자가의 은혜입니다. 모든 이들이 이 과정에 있다면 반목과 질시의 관계가 사랑과 나눔의 관계로 변할 것입니다. 십자가는 지속적으로 우리에게 거룩함을 요구합니다. "내가 거룩하니 너도 거룩하라" 이것이 십자가의 의미입니다.

동시에 바울은 예수 그리스도가 우리의 구속임을 강조합니다. 구속은 죄인을 풀어주기 위하여 쓰는 돈을 말합니다. 예수님께서 우리의 구속이 되셨다 함은 우리의 죄를 위하여 예수님이 속전이 되셨다는 의미입니다. 즉 십자가에서 자신이 속전이 되어 죽으심으로 우리를 의롭고 거룩하게 하여 주셨습니다. 이 모든 것이 바로 그리스도의 십자가에서 이루어졌습니다.

이것이 십자가의 의미입니다. 하나님을 떠나 죄로 물들어 있는 세상을 구할 유일한 길이 바로 예수 그리스도의 십자가입니다. 예수 그리스도께서 십자가에서 죽으심으로 우리가 살 수 있는 길을 알려주셨습니다. 누구든지 이 길에 들어서면 됩니다. 여기에 참된 해답이 있습니다. 우리가 이 사실을 안다면 더욱 그리스도의 십자가 앞에 무릎을 꿇어야 합니다.

바울의 고백처럼 예수 그리스도와 그의 십자가에 못 박혀 죽으신 것 외에는 아무것도 알지 않기로 작정할 수 있어야 합니다. 다른 것을 기웃거리는 인생이 아니라 날마다 그리스도의 십자가에 가까이 가는 삶이 되어야 합니다. 예수 그리스도를 만나면 삶이 달라집니다. 예수를 만나 달라진 사람들의 이야기는 무수히 많습니다. 오늘 우리 가운데도 있습니다. 예수 그리스도는 우리의 삶의 참된 소망입니다. 우리가 힘써 찾아야 할 것은 바로 예수 그리스도입니다.

십자가의 자랑

오늘 우리의 삶이 만족하지 않다면 어디에서 만족을 구하시겠습니까? 오늘 우리에게 있어서 삶의 무게를 이길 수 있는 능력이 어디에 있습니까? 바로 그리스도의 십자가입니다. 그런데 우리는 어디로 가고 있습니까? 무엇을 의지하고, 무엇을 생각하고 있습니까? 우리의 삶의 우선순위가 무엇입니까? 무엇이 우리가 추구하고 꿈꾸는 것입니까? 예수 그리스도의 십자가여야 합니다. 우리가 한평생 전하고 들어야 할 것이 있다면 그것은 바로 예수 그리스도의 십자가입니다.

바울은 언제나 이 십자가를 자랑하였습니다.

"그러나 내게는 우리 주 예수 그리스도의 십자가 외에 결코 자
랑할 것이 없으니 그리스도로 말미암아 세상이 나를 대하여 십자가
에 못박히고 내가 또한 세상을 대하여 그러하니라"(갈6:14)

이것이 우리가 가지고 있어야 할 자랑이며, 기쁨입니다.
예수 그리스도의 십자가가 자랑이 되기를 소망합니다. 이것이
우리의 모든 것이 되기를 소망합니다. 오늘도 내일도 영원토
록 우리가 꿈꾸고 기도하고 간직하고 따라가야 할 것은 바로
이 십자가입니다. 예수님이 우리를 사랑하사 우리를 위하여
십자가에서 죽으심을 믿으십니까? 예수 그리스도께서 십자가
의 죽으심으로 우리가 하나님과 화목 되었음을 믿으십니까?
십자가 안에 참된 기쁨과 행복이 있음을 아십니까? 이 시간이
우리 모두에게 십자가를 고백하는 시간이 되기를 소망합니다.
　누구든지 십자가를 사랑하고 십자가가 삶의 자랑이 되는
자에게 성령의 능력은 항상 함께 합니다. 험악한 삶에서 승리
하는 삶을 살아갈 수 있습니다. 우리 모두에게 십자가가 사랑
이 되고 행복이 되고 즐거움이 되기를 소망합니다.

그리스도와
함께 한 십자가

갈2:20-21

내가 그리스도와 함께 십자가에 못 박혔나니 그런즉 이제는 내가 산 것이
아니요 오직 내 안에 그리스도께서 사신 것이라 이제 내가 육체 가운데 사
는 것은 나를 사랑하사 나를 위하여 자기 몸을 버리신 하나님의 아들을 믿
는 믿음 안에서 사는 것이라 내가 하나님의 은혜를 폐하지 아니하노니 만일
의롭게 되는 것이 율법으로 말미암으면 그리스도께서 헛되이 죽으셨느니라

"그리스도인은 숨 쉬는 것보다 더 그리스도의 십자가를 묵
상하라" 누구의 글인지 잘 기억이 나지 않지만 가슴에 깊이 와
닿은 말씀입니다. 숨 쉬는 것보다 더 그리스도의 십자가를 묵
상 할 때 십자가가 주는 영광이 분명해집니다. 십자가를 묵상
할 때 하나님의 능력을 맛보게 됩니다. 세상이 줄 수 없는 기
쁨을 누리게 됩니다. 또한 그리스도의 십자가를 묵상하는 것
이 우리로 하여금 이 땅에서 존귀한 존재로 살게 합니다. 우리
의 환경이 어떠하든지 아무런 관련이 없습니다. 십자가를 바
라보고 믿음으로 살며 날마다 십자가를 묵상하는 자는 그 자

체로 하나님의 존귀함을 받은 자입니다. 그래서 믿음의 선배들은 한결 같이 그리스도의 십자가를 묵상하라고 하였습니다. 십자가를 묵상할 때 참된 가치를 발견합니다.

십자가를 믿어야 하는 이유

사도가 왜 자신의 목숨을 걸고 이 십자가를 전한 것인지 갈 2:20의 말씀을 통하여 좀 더 깊이 살펴보고자 합니다. 바울은 본문에서 "내가 그리스도와 함께 십자가에 못 박혔다"고 고백하며 그리스도와 함께 십자가에 못 박힌 것을 강조합니다. 이 말의 의미는 십자가에 자신의 인생을 걸었다는 뜻입니다. 자신의 삶은 오직 그리스도의 십자가와 함께하는 것이라고 강조하는 것입니다.

바울이 자신의 생명을 걸 만한 것들이 없어서 십자가에 생명을 맡겼을까요? 아닙니다. 바울의 삶을 보면 생명을 걸 만한 것들이 있었습니다. 학자로서의 삶, 또는 유대인의 권력을 얻을 수 있는 삶도 있었습니다. 그러나 바울에게는 이러한 모든 것 보다 십자가에 목숨을 거는 것이 더 소중했습니다. 그러므로 자신의 모든 생명을 오직 그리스도의 십자가와 함께 하는 것입니다. 본문을 보면 "그리스도와 함께 못 박혔다"는 것은 문법적으로 볼 때 현재완료형입니다. 즉 이 말은 이전에 박혔지만 지금도 여전히 십자가에 못 박히고 있다는 의미입니다. 이렇게 말함은 바울이 십자가에 대한 주변의 인식을 잘 몰라서 한 고백이 아닙니다. 바울은 누구보다도 십자가의 의미를 잘 알고 있었습니다. 율법에 능통하였던 바울은 신21:22-23을 잘 알고 있었습니다.

"사람이 만일 죽을 죄를 범하므로 네가 그를 죽여 나무 위에 달거든 그 시체를 나무 위에 밤새도록 두지 말고 당일에 장사하여 네 하나님 여호와께서 네게 기업으로 주시는 땅을 더럽히지 말라 나무에 달린 자는 하나님께 저주를 받았음이니라"(신21:22-23)

이 말씀에서 십자가는 하나님께 받은 저주의 표징으로 나타나고 있습니다. 십자가는 죽을 죄를 범한 자가 달리는 저주받은 형틀입니다. 그러므로 누구라도 십자가에 가까이 하는 것을 꺼려합니다. 사형수가 집안에 있다고 한다면 자랑하고 다닐 사람이 있겠습니까? 아무도 없을 것입니다. 숨기기에 바쁠 것입니다. 그런데 바울은 오히려 십자가를 자랑합니다. 그리고 십자가를 위하여 자신의 생애를 바칩니다. 이렇게 저주의 상징을 위하여 자신을 드리는 바울을 이해하기가 어렵습니다. 그렇다면 우리는 생각해 보아야 합니다. 이 저주의 십자가를 위하여 자신의 생애를 드렸다면 그 만한 이유가 있지 않 겠는가? 미치지 않았다면 어떻게 저주 받은 십자가를 위하여 살 수 있겠는가? 바울에게는 저주의 십자가와 함께 할 수 있 는 '그 무엇'이 있었습니다. 저주의 십자가를 자랑하려면 그 저 주를 뛰어 넘는 '그 무엇'이 있어야 합니다. 바울은 '그 무엇'을 알았기에 저주의 십자가를 피하는 것이 아니라 십자가와 함께 못 박히겠다고 고백했습니다. 그렇다면 바울이 가지고 있는 '그 무엇'은 어떤 내용입니까?

죄가 가져온 저주

바울이 말하는 '그 무엇'을 이해하려면 죄에 대한 성경의 가 르침을 알아야 합니다. 즉, 인간에게 있는 죄와 죽음이 무엇 인지 바로 알고 있어야 합니다. 이것이 바울의 모습을 이해 할 수 있는 단초입니다.

인간은 첫 아담의 범죄로 인하여 죽음을 전가 받았습니다. 아담의 범죄 이후 모든 만물은 죽음을 피할 수 없게 되었습니 다. 이것은 인간이 받은 저주입니다. 죽음은 인간에게 공포와 상실 그리고 두려움을 줍니다. 죽음은 결코 기쁜 것이 아닙니 다. 그래서 수 없이 많은 이들은 죽음을 피하거나 연기하고자 온갖 애를 썼습니다. 그러나 모두다 실패로 돌아갔습니다. 그것은 죽음이 죄로 인한 저주이기 때문입니다. 모든 인간은 다 죽음의 저주에서 매여 있습니다. 하나님은 이스라엘 백성들을 향한 말씀에서 이 사실을 분명하게 밝히셨습니다. 하나님은 이스라엘 백성에게 있을 복과 저주를 분명하게 선포하셨습니다. 특별히 하나님의 법을 어기고 떠난 자에 대한 하나님의 심판이 무엇인지 분명하게 말씀하셨습니다.

"내가 오늘날 복과 저주를 너희 앞에 두나니 너희가 만일 내가 오늘날 너희에게 명하는 너희 하나님 여호와의 명령을 들으면 복이 될 것이요 너희가 만일 내가 오늘날 너희에게 명하는 도에서 돌이켜 떠나 너희 하나님 여호와의 명령을 듣지 아니하고 본래 알지 못하던 다른 신들을 좇으면 저주를 받으리라 네 하나님 여호와께서 네가 가서 얻을 땅으로 너를 인도하여 들이실 때에 너는 그리심 산에서 축복을 선포하고 에발 산에서 저주를 선포하라"(신11:26-29)

이렇게 하나님은 저주에 대하여 분명하게 기록하셨습니다. 하나님의 법을 어긴 자에게 저주를 선포하셨습니다. 이에 대한 바울의 입장은 더욱 분명합니다.

"무릇 율법 없이 범죄한 자는 또한 율법 없이 망하고 무릇 율법이 있고 범죄 한 자는 율법으로 말미암아 심판을 받으리라 하나님 앞에서는 율법을 듣는 자가 의인이 아니요 오직 율법을 행하는 자라야 의롭다 하심을 얻으리니 율법 없는 이방인이 본성으로 율법의 일을 행할 때는 이 사람은 율법이 없어도 자기가 자기에게 율법이 되나니 이런 이들은 그 양심이 증거가 되어 그 생각들이 서로 혹은 송사하며 혹은 변명하여 그 마음에 새긴 율법의 행위를 나타내느니라"(롬2:12-15)

이 말씀을 보면 율법을 받지 못한 이는 그 양심이 자신의 율법이 됩니다. 사람의 양심은 정직하여서 자신의 생각과 행위를 드러냅니다. 이미 말씀드렸듯이 인간은 하나님을 찾지 않고서는 살 수 없습니다. 하나님을 찾지 않는 사람은 반드시 다른 무엇으로 그 자리를 채우게 됩니다. 하나님을 떠난 다른 무엇은 우상이 될 수 있습니다. 그리고 하나님은 본성을 통하여 무엇을 해야 하는지 알려주셨습니다. 본성은 율법이 없어도 율법이 정한 일을 행하게 합니다. 율법이 없어도 본성으로 율법의 행위를 하도록 하셨습니다. 결국 율법이 없어도 본성이 율법의 행위를 하게하고 양심이 증인이 된다는 것입니다. 그러므로 율법이 없어도 누구든지 이 양심의 법에 만족하지 않는다면 죄인이 됩니다. 그리고 이 죄로 인하여 저주를 받게 됩니다.

반면에 율법을 받은 이들은 율법을 바르게 지켜야 합니다. 율법을 따르지 않으면 율법이 증거가 되어 형벌을 내립니다. 그러나 아무도 율법을 온전히 따를 수 없습니다. 율법이 있어도 율법을 따를 수 없습니다. 왜냐하면 율법의 기능은 죄를 깨닫게 하는 것이지 죄에서 구원하는 것이 아니기 때문입니다. 그러므로 성경은 아주 분명하게 선언합니다.

"그러면 어떠하뇨 우리는 나으뇨 결코 아니라 유대인이나 헬라인이나 다 죄 아래 있다고 우리가 이미 선언하였느니라 기록한 바 의인은 없나니 하나도 없으며" (롬3:9-10)

이렇게 율법을 가진 유대인이나 율법이 없는 헬라인이나 다 죄 아래 있습니다. 모두가 죄의 저주를 받았습니다. 그리고 저주 받았음을 알려주는 것이 바로 인간에게 주어진 죽음입니다. 죽음은 우리가 죄의 저주를 받은 자임을 알려줍니다. 이렇게 인간은 모두 죄의 저주 아래 있습니다. 죄의 저주로 우리는 신음 할 수 밖에 없습니다. 이 죄가 고통과 슬픔과 전쟁과 절망을 낳았습니다. 아담의 죄를 물려받은 인간에게는 소망이 없습니다. 하나님의 존귀한 형상으로 지음 받은 인간도 소망이 없고, 하나님의 지혜가 드러난 창조 세계도 신음할 수 밖에 없습니다. 사자들이 어린 양과 뛰노는 것이 아니라 죽이고 피하여야 하는 투쟁의 시대가 되었습니다. 이러한 죄의 속성이 인간의 삶을 비롯하여 창조 세계 곳곳에 스며들어 있습니다.

저주로부터의 해방

저주 받은 인간과 만물은 구원을 위하여 울부짖었습니다. 이 울부짖음에 대해 하나님은 회복의 방법을 말씀하셨습니다. 그것은 바로 하나님께서 이 땅에 둘째 아담으로 오시는 일입니다. 그리고 저주의 속박을 제거하시는 것입니다. 바울은 이 사실을 밝히 드러내었습니다.

"그리스도께서 우리를 위하여 저주를 받은 바 되사 율법의 저주에서 우리를 속량하셨으니 기록 된 바 나무에 달린 자마다 저주 아래 있는 자라 하였음이라"(갈3:13)

이것이 하나님의 방법입니다. 둘째 아담으로 오신 그리스도께서 우리를 위하여 저주를 받으셨습니다. 예수님이 저주의 십자가를 지신 것은 우리가 받을 저주를 끊으시기 위함입니다. 이제까지 인간은 율법의 저주 아래 살았습니다. 죄가 가져다 준 영원한 저주가 우리를 붙잡고 있었습니다. 그러므로 인간의 삶이란 저주 아래 있는 삶이었습니다. 그런데 하나님께서 이 저주를 끊으시기 위하여 예수 그리스도를 십자가에 못 박히게 하셨습니다. 예수님이 십자가에 못 박힌 것은 우리가 당해야 할 모든 저주를 다 짊어지심입니다. 죄가 없으신 그리스도께서 십자가에 죽으신 것은 우리의 죄를 대신하기 위함입니다. 바울은 고후5:21에서 다음과 같이 증거합니다.

"하나님이 죄를 알지도 못하신 자로 우리를 대신하여 죄를 삼으신 것은 우리로 하여금 저의 안에서 하나님의 의가 되게 하려 하심이니라"(고후5:21)

첫째 아담의 죽음에 우리 모두가 동참하였듯이 이제 둘째 아담으로 오신 예수 그리스도의 죽으심에 모든 성도들이 동참하게 되었습니다. 이렇게 예수님은 우리의 모든 죄를 위하여 스스로 저주를 받으셨습니다. 그러나 죽음의 저주 아래 머물지 않았습니다. 삼일 만에 죽음의 저주를 깨뜨리시고 다시 살아나셨습니다. 예수님의 부활하심은 더 이상 죄의 저주가 그리스도에게 임할 수 없음을 의미합니다. 그러므로 누구든지 예수님과 함께 십자가에 못 박힌 자는 율법의 저주인 죄에 대하여 죽은 존재이자, 주님의 부활을 통하여 하나님 앞에 의로운 존재가 되었습니다.

그리스도인은 예수님과 함께 십자가에 못 박혀 죽은 자이 며 동시에 예수님의 부활하심에 동참한 자입니다. 더 이상 죄 의 권세가 우리를 허물지 못합니다.

이 은혜가 바울에게 있었습니다. 그러므로 그는 자신의 전 생애를 그리스도를 위하여 살 수 있었습니다. 누구든지 이 은 혜를 받았다면 그는 자신의 생명을 그리스도를 위하여 기꺼이 드릴 수 있을 것입니다.

그리스도로부터 전가된 의

이제 바울은 더 놀라운 고백으로 나아갑니다.

"그런즉 이제는 내가 산 것이 아니요 오직 내 안에 그리스도께 서 사신 것이라"(갈2;20)

바울은 자신이 사는 것이 아니라 그리스도께서 사시는 것 이라 말합니다. 지금 내가 살고 있지만 나의 의지로 사는 것이 아니라 그리스도의 의지로 살고 있다고 고백합니다. 이 말의 의미는 무엇입니까? 이에 대하여 칼빈의 가르침이 큰 유익을 줍니다. 칼빈은 그리스도가 우리 안에 사는 것은 크게 두 가지 로 생각할 수 있다고 하였습니다.

첫째는 성령의 임재로 거듭남과 관계된 변화입니다. 그리스도의 보내신 성령이 임할 때 우리는 새로운 생명을 얻습니다. 그래서 성경은 성령이 아니고서는 그리스도를 주라고 고백할 수 없다고 하였습니다.

둘째는 그리스도의 전가된 의를 말합니다. 그리스도가 우리 안에 거하신다고 할 때 이것은 그리스도의 의가 우리에게 전가 된 것을 말하는 것입니다.

예수님을 믿는 것은 그리스도와 함께 십자가에 못 박힘을 고백하는 것입니다. 십자가에 못 박힘으로 이전 것은 다 사라졌습니다. 이제는 구원 받은 백성이 되었고 그리스도의 의가 우리 안에 거하게 되었습니다. 이제 예수 그리스도를 믿을 때 우리는 더럽고 추한 존재가 아닌 그리스도의 의로 거룩한 자가 되었습니다. 하나님은 이렇게 우리 안에 주어진 그리스도의 의를 보고 우리를 의롭다고 여기십니다. 이 의가 우리를 구원으로 이끌어 줍니다. 이제 누구든지 그리스도의 의에 동참한 사람은 더 이상 죄의 종 노릇하지 않습니다. 죄를 이길 수 있는 능력이 있습니다. 그것은 바로 성령께서 우리 안에 거하시기 때문입니다. 앤드류 머레이 목사는 "우리가 주님으로부터 물려 받은 십자가에 못 박힌 삶이란 우리를 모든 죄의 권능으로부터 자유롭게 만드는 삶"이라고 하였습니다.

십자가에 못 박힌 사람은 자신의 의지와 능력과 경험으로 살지 않습니다. 오직 하나님의 생각과 하나님의 뜻과 하나님의 사랑으로 살아갑니다. 죄에서 자유케 된 자는 죄를 미워할 뿐 아니라 죄에 대하여 날마다 죽고자 합니다. 이것은 그리스도의 의가 나를 주장하기 때문입니다. 참된 그리스도인의 영광은 바로 여기에 있습니다. 그리스도의 의로 살고자 합니다. 자신은 결코 드러내지 않습니다. 오직 그리스도의 십자가만을 드러냅니다. 거기에 참된 생명이 있고 저주에서 자유케 되는 은혜가 있습니다. 다른 무엇도 우리를 이 땅의 유혹과 시험에서 우리를 지켜주지 못합니다. 우리를 지켜 주는 것은 오직 그리스도입니다. 그러므로 그리스도인은 전적으로 예수님께 우리의 모든 삶을 맡깁니다. 날마다 숨쉬는 순간 마다 예수님께 우리의 삶을 이끌어 주시라고 기도합니다. 거기에 참된 생명이 있기 때문입니다.

바울은 누구보다도 이 진리를 알고 있었습니다. 그리스도의 내주하심의 은혜가 바울로 하여금 고난을 이기게 하였고 아픔을 극복하게 하였습니다. 쉴새 없이 다가오는 사단의 시험을 이길 수 있었던 것은 바로 그리스도께 전적으로 의탁하였기 때문입니다.

그리스도의 사랑을 믿는 믿음

그렇다면 어떻게 그리스도와 함께 십자가에 못 박히는 것입니까? 여전히 우리는 육체 가운데 거하고 있습니다. 그런데 어떻게 그리스도의 십자가에 함께 못 박히는 것입니까? 더구나 우리의 육신은 죄악으로 가득 차 있습니다. 그리고 이 땅의 유혹 가운데 여전히 거하고 있습니다. 이러한 상황 가운에 있는 우리가 그리스도와 함께 십자가에 못 박히고 우리의 주도권을 그리스도에게 맡기고 살아 갈 수 있습니까?

사도는 이에 대하여 분명하게 고백합니다. "이제 내가 육체 가운데 사는 것은 나를 사랑하사 나를 위하여 자기 몸을 버리신 하나님의 아들을 믿는 믿음 안에서 사는 것이라"

예수님이 주시는 은혜를 누리기 위하여 우리가 가지고 있어야 할 자세가 있습니다. 그것은 우리를 사랑하사 우리를 위하여 자신의 몸을 버리신 그 사랑을 알고 믿는 것입니다. 그리스도의 사랑을 믿는 믿음이 우리로 하여금 하나님의 은혜를 날마다 공급받게 합니다. 다시 한 번 칼빈의 멋진 고백을 나누고자 합니다. "우리가 그리스도를 믿는 믿음으로 살아야 하는 동기가 무엇인가? 그것은 그리스도가 우리를 사랑하사 우리를 위하여 친히 자기 몸을 버리셨기 때문이다."

추하고 더러운 우리를 위하여 거룩하신 주님께서 자신의 몸을 버리셨습니다. 우리가 사랑 받을 만한 일을 하였기에 우리를 사랑하신 것이 아닙니다. 우리가 죄인 되었을 때 우리를 위하여 자신의 몸을 버리신 사랑입니다. 이 사랑이 죄로 인하여 저주 가운데 있었던 우리를 거룩한 자로 만들어 주셨습니다. 이것이 놀라운 사랑입니다. 이 사랑을 믿을 때 우리는 하나님 앞에 의로운 자로 살 수 있습니다. 그러므로 오늘 그리스도와 함께 십자가에 못 박는 삶은 우리를 위하여 자신의 몸을 버리신 그리스도의 사랑을 믿는 일입니다.

그런데 여기서 우리는 이 말씀을 한번 더 주의 깊게 보아야 합니다. 사도는 예수님의 사랑을 "나를 사랑하사 나를 위하여" 하신 사랑이라고 표현합니다. 예수님께서 친히 십자가에 죽으신 이유는 바로 나를 사랑하시기 때문입니다. 나를 위하여 죽으셨습니다. 바울이 로마서에서 언급한 내용은 예수님의 사랑을 더욱 분명하게 보여줍니다.

"의인을 위하여 죽는 자가 쉽지 않고 선인을 위하여 용감히 죽는 자가 혹 있거니와 우리가 아직 죄인 되었을 때에 그리스도께서 우리를 위하여 죽으심으로 하나님께서 우리에게 대한 자기의 사랑을

확증하셨느니라"(롬5:7-8)

　우리는 몇 해 전 해군 함정의 침몰과 그 과정에서 최선을 다하다가 순직한 한주호 준위를 알고 있습니다. 그는 존경할 만한 군인입니다. 그 열악한 환경에서 구조에 최선을 다하다가 순직하였습니다. 이렇게 우리 주변에는 선한 일을 하는 이들이 있습니다. 그러나 극악한 사형수를 위하여 자신의 목숨을 내놓는 사람은 없습니다. 이것은 불가능합니다. 그런데 그리스도께서 저주 받은 자를 위하여 자신의 몸을 버리셨습니다. 이것은 벌레만도 못한 나를 위한 사랑 때문입니다.

　예수님께서 나를 사랑하시지 않았다면 나를 위하여 죽지 않으셨을 것이고, 결국 나는 죄의 저주 아래 거할 것이며 죽음의 고통을 당하고 말 것입니다. 그런데 하나님께서 나를 사랑하셨습니다. 그리고 그 사랑을 십자가의 죽으심으로 보여 주셨습니다. 이 사랑을 믿는 믿음을 가진 자는 구원의 자리에 설 것이며, 영광의 자리에 이르게 될 것입니다. 이 땅의 유혹이 아무리 거세다 할지라도 그리스도의 십자가의 은혜가 넉넉히 이김을 줍니다.

　예수님의 십자가의 사랑은 다른 사람이 아니라 바로 나를 위한 사랑임을 기억하시기 바랍니다. 사실 우리 자신의 모습을 살펴 볼 때 거룩하신 예수님께서 죽으실 만한 가치가 있습니까? 전혀 그렇지 않습니다. 욕심, 불의, 시기, 질투, 미움, 방종… 이루 말할 수 없는 죄악으로 가득한 나를 위해 죽으심이 마땅하다고 할 수 있겠습니까? 주님께서는 나의 이런 모습을 아셨지만 나를 사랑하셨습니다. 그리고 나를 위하여 친히 저주의 십자가를 지셨습니다. 이러한 사랑이 나에게 있습니다. 다른 사람이 아닙니다. 바로 나를 위하여 예수님께서 십자가에서 죽으셨습니다. 이 사실을 믿을 때 우리는 오늘도 그리스도와 함께 십자가에 못 박히고 그의 부활로 인하여 주어진 거룩한 삶을 살 수 있습니다.

사도가 그리스도와 함께 십자가에 못 박힘을 강조한 이유를 이제 아시겠습니까? 십자가에 못 박히지 않는다면 우리의 삶은 소망이 없습니다. 그러나 그리스도와 함께 십자가에 못 박힐 때 우리는 저주의 굴레에서 벗어납니다. 그리고 그리스도의 의를 옷 입어 살아 갈 수 있습니다. 우리는 십자가 없이 살 수 없습니다. 이러한 그리스도의 십자가는 하나님의 사랑의 절정입니다. 이 사랑은 나를 위한 선물입니다. 나를 위하여 예수님께서 십자가를 지셨습니다.

이렇게 놀라운 십자가의 사랑과 영광을 알았다면 이제 우리의 삶이 어떠해야 하는지는 분명합니다. 이 십자가의 사랑과 은혜는 단지 지나간 사건이 아닙니다. 오늘 우리 가운데 있는 사건입니다. 그러므로 무엇보다도 그리스도와 함께 십자가에 못 박히는 삶이 있기를 소망합니다. 나의 의지가 아니라 그리스도의 의지로 살아갈 수 있기를 바랍니다. 이것이 죄를 이기게 하고 거룩하신 하나님을 더욱 섬기게 합니다.

오늘도 이 진리를 붙잡을 수 있기를 바랍니다. 죽은 진리가 아니라 살아 있는 진리가 되기를 소망합니다. 하나님의 사랑과 의가 분명하게 드러나는 삶이 되기를 바랍니다. 이 진리를 소유한 사람은 결코 무의미한 삶을 살지 않습니다. 가볍게 인생을 살지 않습니다. 그리스도의 놀라운 사랑을 받았는데 어찌 보이는 현실의 고통 때문에 자신의 인생을 가볍게 처신 하겠습니까? 오늘도 그리스도의 십자가가 우리의 삶의 중심이 되고 우리의 푯대가 되기를 소망합니다. 숨 쉬는 순간 마다 그리스도의 십자가가 함께 나타나기를 소망합니다.

구원의 능력,
십자가를 자랑하다

갈6:14

그러나 내게는 우리 주 예수 그리스도의 십자가 외에 결코 자랑할 것이 없

으니 그리스도로 말미암아 세상이 나를 대하여 십자가에 못박히고 내가 또

한 세상을 대하여 그러하니라

인간의 모든 문제는 죄에서 시작합니다. 죄가 삶의 모든 부조리를 만들어 내고 힘들게 합니다. 그러므로 죄 문제를 해결해야 합니다. 그런데 죄로부터 해방되는 길이 세상에는 없습니다. 죄에서 치유하게 되는 유일한 길은 바로 예수 그리스도와 함께 십자가에 못 박히는 일입니다. 이것이 바로 예수님께서 십자가를 지신 이유입니다. 우리의 죄를 해결하고 우리를 저주의 상태로부터 해방하고 하나님과의 관계를 회복하기 위한 방법이 바로 십자가의 죽으심입니다. 십자가에 죽으심은 단지 한 사람의 죽음이 아니라 하나님께서 친히 이 땅의 모든 문제를 짊어지시고 죽으신 것입니다. 그러므로 죄로 인해 들어왔던 죽음이 이제 그리스도의 죽음으로 종결되고, 그리스도

의 부활하심으로 새로운 생명이 시작됩니다. 이 놀라운 은혜에 동참하는 일이 바로 그리스도와 함께 십자가에 못 박히는 것입니다. 날마다 십자가에 우리의 옛 사람을 못 박을때 하나님의 능력을 덧입게 됩니다.

누구든지 그리스도와 함께 십자가에 못 박힌 자 안에 그리스도가 사십니다. 죄로 인하여 저주 받았던 옛 사람은 사라지고 이제 그리스도가 함께 삽니다. 이렇게 그리스도가 내주함은 성령으로 인하여 주어진 거듭남과 그리스도의 의의 전가로 나타난 칭의를 말합니다. 그러므로 거듭난 그리스도인들은 더 이상 자신의 능력으로 살지 않습니다. 자신의 의지로 살아왔던 삶의 모습을 잘 알기 때문입니다. 거듭나기 전의 모습은 죄악 가운데 사는 삶 이었습니다. 성경은 이러한 우리의 삶을 고발합니다.

"그 때에 너희가 그 가운데서 행하여 이 세상 풍속을 좇고 공중의 권세 잡은 자를 따랐으니 곧 지금 불순종의 아들들 가운데서 역사하는 영이라 전에는 우리도 다 그 가운데서 우리 육체의 욕심을 따라 지내며 육체와 마음의 원하는 것을 하여 다른 이들과 같이 본질상 진노의 자녀이었더니"(엡2:2-3)

거듭나기 전의 삶은 죄를 즐기고 죄와 함께 하는 삶의 연속이었습니다. 그러나 이제 그리스도의 영이 그 안에 계시므로 죄를 미워하고, 죄와 싸울 수 있으며, 죄를 죽일 수 있습니다. 이러한 내주하는 그리스도의 의를 보시고 하나님은 우리를 거룩하다고 하십니다. 이 그리스도의 의가 우리로 하여금 하나님의 자녀가 되게 합니다.

그런데 우리는 여전히 육체 가운데 있습니다. 이천 년 전에 죽으신 예수님과 어떻게 함께 죽는다는 것입니까? 바울은 대속물로 오신 예수님을 믿음으로 그리스도의 십자가에 함께 못 박힌다고 말합니다. 나를 사랑하사 나를 위하여 죽으신 예수님의 사랑이 여전히 우리에게 있습니다. 이 사랑을 믿는 믿음이 바로 십자가에 못 박히는 것입니다. 이 믿음은 어떤 체험으로 주어지는 것이 아닙니다. 사람의 지혜로 하나님을 알 수 없습니다. 믿음이 생기는 것은 오직 말씀 선포를 통하여 이루어집니다. 그런 이유로 오늘도 십자가의 말씀이 전파되고 있습니다. 아무리 시대가 최첨단을 간다 해도 십자가의 도는 여전히 구원에 이르는 길입니다. 하나님은 이 방법을 한 번도 포기하지 않았습니다. 인격과 인격을 대면하여 증거 되는 말씀의 선포가 우리로 하여금 구원에 이르는 하나님의 능력을 맛보게 합니다.

그러므로 오늘도 이 말씀이 강단을 통해 증거 되어야 합니다. 교회가 존재하는 참된 이유는 바로 십자가의 복음입니다. 십자가의 복음이 아니고서는 구원에 이를 수 없습니다. 오직 하나님의 구원에 이르는 것은 십자가의 복음입니다. 십자가가 복음의 핵심이며, 복음의 능력입니다. 그 무엇도 십자가와 바꿀 수 없습니다. 십자가의 복음이 선포되지 않는다면 거짓 복음을 전하는 것입니다. 오직 구원에 이르는 길은 십자가의 복음에 있습니다.

바울의 자랑, 십자가

오늘 우리는 바울의 놀라운 고백을 봅니다. 바울은 자신이 자랑할 유일 한 것은 예수 그리스도의 십자가라고 말합니다.

"내게는 우리 주 예수 그리스도의 십자가 외에 결코 자랑할 것이 없으니"(갈6:14)

바울의 이 말은 다시금 말씀을 상기시킵니다. 우리는 이전 장에서 바울이 자랑할 것이 없어서 저주 받은 십자가를 자랑한 것이 아니라는 것을 알게 되었습니다. 십자가의 외적인 모습은 흉측합니다. 가까이 할만큼 호감을 가질 것도 없습니다.

그런데 바울은 이 십자가만을 자랑한다고 합니다. 십자가 외에 결코 자랑할 것이 없다는 바울의 단호한 고백에는 무거운 정적이 감돌 뿐입니다. 어디를 가든 무엇을 하든 저주의 십자가를 자랑하겠다는 바울의 모습은 우리에게 분명한 도전을 주고 있습니다.

우리는 무엇을 자랑하며 살았습니까? 무엇이 우리의 자랑이었습니까? 우리의 외모가 자랑이었습니까? 우리의 능력이 자랑이었습니까? 바울은 이 모든 것이 자신의 자랑이 아니라고 말합니다. 그의 자랑은 오직 예수 그리스도의 십자가였습니다. 이 십자가가 자신이 살아야 할 이유였습니다. 그런 의미에서 그리스도인의 삶이란 "그리스도의 십자가를 드러내며 자랑하는 것"입니다.

오늘날 우리는 십자가를 많이 봅니다. 동네마다 세워진 교회의 종탑에서, 사람들의 장신구에서도 십자가를 봅니다. 참으로 많은 그리스도인들이 십자가를 액세서리로 하고 다니고 있습니다. 미련과 저주의 상징인 십자가를 자랑스럽게 목에 걸고 다니는 이유는 무엇입니까? 십자가를 사랑하기 때문일까요? "나는 그리스도인입니다." 라고 자랑하기 위해서 일까요? 전도의 도구로 사용하고자 하는 것일까요? 아니면 수호신이나 부적처럼 어떠한 효험을 얻고자 하는 것일까요? 때때로 어떤 이들은 예수님 초상화 아래서 기도하는 것을 즐기는 것을 봅니다. 예수님은 영이시라 어디에도 계시는데 사진이나 그림 아래 가야 하는 이유는 무엇이겠습니까? 예수님을 향한 인격적 신앙보다는 미신적 요소가 더욱 많기 때문입니다.

그런 측면에서 본다면 사람들이 가지고 있는 십자가 액세서리에 대한 바른 자세가 필요합니다. 바울이 가지고 있었던 참된 자랑이라면 우리는 환영할 수 있습니다. 내가 그리스도와 함께 십자가에 못 박혔습니다. 이제 옛 사람이 욕망으로 살지 않습니다. 새 사람의 영으로 살아갑니다. 세상의 욕심을 버렸습니다. 이제 하나님의 뜻을 따라 삽니다. 이러한 고백이라면 우리는 얼마든지 십자가의 액세서리를 어느 정도 인정할 수 있습니다. 그러나 십자가를 마치 부적이나 수호신 같이 여기고 있다면 그것은 십자가를 모독하는 행위입니다.

십자가를 자랑하는 이유

바울이 십자가 외에 결코 자랑할 것이 없었던 것은 십자가에서 이루어진 놀라운 일 때문입니다. 그 사건이 바울로 하여금 십자가를 자랑하게 하였습니다. 그리고 오고 오는 모든 그리스도인의 자랑이 십자가가 되어야 함을 말하는 것입니다. 그렇다면 십자가에서 일어난 사건은 무엇입니까?

첫째는 형벌적 대속의 사건입니다. 십자가에서 이루어진 놀라운 사건은 하나님이 집행하신 형벌적 대속 사건입니다. 이것은 공의의 하나님을 분명하게 드러내신 사건입니다. 하나님은 공의롭고 거룩하신 분이십니다. 그러므로 하나님을 대적하는 것에 대해서 반드시 처벌을 내리십니다. 하나님은 모든 것을 사랑하시는 분이기에 무엇이든지 다 용서하는 분 이시라는 생각은 착각입니다. 하나님은 죄에 대하여 결코 용서하지 않습니다. 아니 용서하실 수 없습니다. 그의 거룩한 속성이 죄와 함께 하지 못하기 때문입니다. 하나님은 죄를 철저하게 정죄하십니다.

인류의 시조였던 아담과 하와가 하나님이 주신 영광의 땅인 에덴 동산에서 범죄하였을 때 하나님은 아담과 하와를 용서하지 않았습니다. 하나님은 아담과 하와 그리고 뱀을 징계하셨습니다.

"여호와 하나님이 뱀에게 이르시되 네가 이렇게 하였으니 네가 모든 육축과 들의 모든 짐승보다 더욱 저주를 받아 배로 다니고 종신토록 흙을 먹을지니라 내가 너로 여자와 원수가 되게 하고 너의 후손도 여자의 후손과 원수가 되게 하리니 여자의 후손은 네 머리를 상하게 할 것이요 너는 그의 발꿈치를 상하게 할 것이니라 하시고 또 여자에게 이르시되 내가 네게 잉태하는 고통을 크게 더하리니 네가 수고하고 자식을 낳을 것이며 너는 남편을 사모하고 남편은 너를 다스릴 것이니라 하시고 아담에게 이르시되 네가 네 아내의 말을 듣고 내가 너더러 먹지 말라 한 나무 실과를 먹었은즉 땅은 너로 인하여 저주를 받고 너는 종신토록 수고하여야 그 소산을 먹으리라 땅이 네게 가시덤불과 엉겅퀴를 낼 것이라 너의 먹을 것은 밭의 채소인즉 네가 얼굴에 땀이 흘러야 식물을 먹고 필경은 흙으로 돌아가리니 그 속에서 네가 취함을 입었음이라 너는 흙이니 흙으로 돌아갈 것이니라 하시니라"(창3:14-19)

아주 분명하게 징계하셨습니다. 죄를 결코 가볍게 대하지 않으십니다. 구약의 역사는 이러한 하나님을 분명하게 보여주십니다. 노아가 범죄하였을 때 징계하셨습니다. 아브라함, 야곱, 모세, 다윗 등 하나님의 사랑을 받은 사람들이었지만 죄악의 자리에 있을 때 하나님은 용납하지 않았습니다. 죄에 대한 하나님의 분명한 입장이 분명하게 드러난 곳은 바로 십계명입니다. 우상 숭배의 죄를 범하는 이들을 향한 하나님의 심판의 메시지는 분명합니다.

"그것들에게 절하지 말며 그것들을 섬기지 말라 나 여호와 너의 하나님은 질투하는 하나님인즉 나를 미워하는 자의 죄를 갚되 아비로부터 아들에게로 삼 사대까지 이르게 하거니와"(출20:5)

이것이 바로 하나님의 모습입니다. 죄에 대하여 철저하게 징계하시는 분입니다. 그러므로 죄 가운데 있는 자들은 다 하나님의 심판을 피할 수 없습니다. 다윗에게 주었던 언약의 말씀에서 볼 수 있듯이 하나님은 죄에 대하여 분명하게 징계하는 분입니다.

"나는 그 아비가 되고 그는 내 아들이 되리니 저가 만일 죄를 범하면 내가 사람 막대기와 인생 채찍으로 징계하려니와"(삼하7:14)

사람 막대기와 인생 채찍으로 징계하시는 분이 바로 하나님입니다. 하나님은 모든 것에 용서하시는 분이라는 생각을 버려야 합니다. 하나님은 죄에 대하여 아주 철저하게 징계하십니다. 이것이 하나님의 공의입니다.

그런데 성경은 우리를 향해 죄인이라 말합니다. "만일 우리가 죄 없다 하면 스스로 속이고 또 진리가 우리 속에 있지 아니할 것이요(요일1:8)"

다윗의 고백은 더욱 우리의 죄성을 나타냅니다.

"내가 죄악 중에 출생하였음이여 모친이 죄중에 나를 잉태하였
나이다(시 51:5)"

이것이 성경의 가르침입니다. 인간은 죄악 중에 출생 하였
습니다. 그래서 본질상 진노의 자녀입니다. 이것이 우리의 현
존입니다. 그러므로 우리 가운데 누구도 하나님의 징계에서
피할 자가 없습니다. 아담 이후 모든 이들은 다 하나님의 징계
를 피할 수 없습니다. 인간에게 주어진 죽음은 이러한 하나님
의 심판의 표시입니다. 누구도 하나님의 징계를 피할 수 없습
니다. 이것이 우리의 모습입니다. 그런데 하나님께로 난 사람
들에게는 이러한 징계가 사라집니다.

"그러므로 이제 그리스도 예수 안에 있는 자에게는 결코 정죄함
이 없나니 이는 그리스도 예수 안에 있는 생명의 성령의 법이 죄와
사망의 법에서 너를 해방하였음이라" (롬8:1-2)

그리스도 예수 안에 있는 사람들은 하나님의 형벌에서 벗
어납니다. 이것이 어떻게 가능합니까? 하나님의 공의는 반드
시 시행되어야 하는데 그리스도 예수 안에 있는 사람들은 징

계를 받지 않습니다. 이것이 가능하게 하기 위해 예수님께서 십자가에서 죽으신 것입니다.

십자가에서 일어난 놀라운 일은 예수 그리스도가 우리 대신 하나님의 형벌을 받은 것입니다. 죄인들이 받아야 할 형벌을 죄 없으신 예수님께서 받으신 것입니다. 하나님은 그 무시무시한 진노를 예수님께 내리셨습니다. 예수님의 "엘리엘리 라마 사박다니(하나님이여 어찌하여 나를 버리셨습니까?)"라는 외침은 이러한 하나님의 진노 때문이었습니다. 예수님은 인간의 모든 죄를 지시고 하나님께 버림 받음이 되었습니다.

하나님께 버림받는 것은 더 이상 소망이 없다는 것을 의미합니다. 부모에게 버림 받은 자녀들을 생각해 보시기 바랍니다. 부모에게 버림받는 것처럼 슬프고 괴롭고 아픈 것이 없습니다. 그 고통은 살아있는 동안 지속됩니다. 어린 시절 외국으로 입양 간 입양아들이 성년이 되어 자신의 부모를 찾는 이야기를 많이 듣습니다. 그들은 부모를 찾아 자기를 버린 이유를 알고자 합니다. 버림 받았다는 것은 평생의 한으로 남기 때문입니다. 인간 사이에서 버림받음은 죽음으로 끝나지만 하나님께 버림 받음은 영원한 슬픔이며, 고통이며, 절망입니다. 예수님께서 이러한 버림 받음을 당하셨습니다.

예수님께서 이렇게 우리를 대신하여 형벌을 받으시므로 우리가 구원의 자리에 설 수 있었습니다. 우리가 받아야 할 모든 형벌을 예수님이 다 받으셨습니다. 십자가는 하나님의 진노입니다. 철저하게 죄를 징계하시는 하나님의 모습을 보여 줍니다. 하나님의 징계로 예수님이 십자가에 못 박히셨습니다. 그러므로 십자가는 하나님의 공의의 현장이며, 죄에 대한 하나님의 진노의 현장입니다.

우리가 그리스도와 함께 십자가에 못 박힌다는 것은 이러한 진노를 받겠다는 것입니다. 하나님의 형벌을 받겠다는 결정입니다. 이것이 십자가에서 일어난 일입니다. 우리가 십자가를 자랑한다는 의미는 죄에 대한 하나님의 형벌을 기꺼이 받겠다는 고백입니다. 이것은 결코 가벼운 내용이 아닙니다. 하나님께 버림받겠다는 자세입니다. 이것이 십자가입니다. 죄를 도저히 용납할 수 없는 하나님의 공의가 바로 십자가입니다. 이 십자가를 자랑할 수 있겠습니까? 우리 모두 자랑 할 수 있기를 바랍니다.

둘째로 십자가에서 일어난 사건은 화목제물이 되신 보혈 사건입니다. 십자가에서 일어난 일은 예수님의 형벌적 대속의 사건임을 보았습니다. 십자가는 죄에 대한 징계로부터 시작합니다. 복음은 바로 죄에 대한 하나님의 징계에서 시작합니다.

그러나 복음은 결코 하나님의 징계로 끝나지 않습니다. 하나님의 징계는 구원으로 들어가는 문입니다. 하나님은 자신의 독생자 예수 그리스도를 징계하심으로 재창조를 이루셨습니다. 마치 첫 창조가 죄 없는 가운데 이루어졌듯이 예수님의 죽으심을 통하여 재창조를 이루셨습니다. 그리고 아담과 끊어졌던 관계를 회복하셨습니다. 그것이 바로 십자가에서 이루어진 일입니다. 그런데 신약 성경은 이러한 십자가에서 죽으신 예수님을 화목제물이라 말합니다.

"저는 우리 죄를 위한 화목 제물이니 우리만 위할 뿐 아니요 온 세상의 죄를 위하심이라"(요일2:2)

"모든 사람이 죄를 범하였으매 하나님의 영광에 이르지 못하더니 그리스도 예수 안에 있는 구속으로 말미암아 하나님의 은혜로 값 없이 의롭다 하심을 얻은 자 되었느니라 이 예수를 하나님이 그의 피로 인하여 믿음으로 말미암는 화목 제물로 세우셨으니 이는 하나님께서 길이 참으시는 중에 전에 지은 죄를 간과하심으로 자기의 의로우심을 나타내려 하심이니"(롬3:23-25)

이렇게 예수님은 화목제물로 우리 가운데 오셨고 죽으셨습니다. 이것이 바로 십자가 위에서 일어난 일입니다. 화목제는 하나님께서 이스라엘 백성에게 알려주신 제사입니다. 레위기에서 화목제물의 용도가 무엇인지 알 수 있습니다.

"사람이 만일 화목제의 희생을 예물로 드리되 소로 드리려거든 수컷이나 암컷이나 흠 없는 것으로 여호와 앞에 드릴지니 그 예물의 머리에 안수하고 회막 문에서 잡을 것이요 아론의 자손 제사장들은 그 피를 제단 사면에 뿌릴 것이며"(레3:1-2)

화목제물은 잡은 제물의 피를 제단 사면에 뿌리는 피 제사입니다. 피 뿌림을 통해 죄를 용서함 받습니다. 그러므로 반드시 제물의 피가 있어야 합니다. 피가 없이는 화목제사가 온전하지 않고 죄 사함이 없습니다. 레위기 17:11은 화목제물의 피에 대한 분명한 가르침을 줍니다.

"육체의 생명은 피에 있음이라 내가 이 피를 너희에게 주어 단에 뿌려 너희의 생명을 위하여 속하게 하였나니 생명이 피에 있으므로 피가 죄를 속하느니라"(레17;11)

이렇게 화목제물은 예물의 피를 바침으로 인하여 진노를

제거합니다. 죄에서 용서함 받는 제사가 바로 화목제입니다. 제물의 피가 모든 죄를 다 씻어줌으로 하나님은 그 피를 보시고 죄를 용서해 주십니다. 그러나 동물의 피로 드리는 제사는 온전하지 못하였습니다. 동물의 제사는 해마다 죄를 깨닫게 해주는 역할만 하였습니다. 결국 제사를 드릴 때마다 죄가 더욱 선명해지는 것입니다. 이런 이유로 모두가 죄 사함을 위한 온전한 제물을 소망하는 것입니다. 이 사실은 히브리서에서도 분명하게 드러납니다.

"율법은 장차 오는 좋은 일의 그림자요 참 형상이 아니므로 해마다 늘 드리는 바 같은 제사로는 나아오는 자들을 언제든지 온전케 할 수 없느니라 그렇지 아니하면 섬기는 자들이 단번에 정결케 되어 다시 죄를 깨닫는 일이 없으리니 어찌 드리는 일을 그치지 아니하였으리요 그러나 이 제사들은 해마다 죄를 생각하게 하는 것이 있나니 이는 황소와 염소의 피가 능히 죄를 없이 하지 못함이라"(히10:1-4)

율법은 죄를 깨닫게 하는 기능만 합니다. 황소와 염소의 피가 죄를 완전하게 사하여 준다면 동물제사는 반복될 필요가 없습니다. 하지만 동물의 피는 불완전하여 죄를 없이 하여 주지 못하기에 해마다 반복하여 드릴 수 밖에 없습니다. 율법이 명하고 있는 동물제사는 장차 오는 일의 그림자에 불과하니다. 원형이 오면 그림자는 사라집니다. 그런데 그리스도께서 율법의 원형으로 오셨습니다. 그리고 많은 사람의 죄를 담당하시려고 제물이 되셨습니다(히9:28). 예수님은 단지 사람이 만든 성소에 들어가는 제물이 아닙니다. 예수님은 영원한 성소인 하나님 나라에 들어갈 제물이 되셨습니다.

"제사장마다 매일 서서 섬기며 자주 같은 제사를 드리되 이 제사는 언제든지 죄를 없게 하지 못하거니와 오직 그리스도는 죄를 위하여 한 영원한 제사를 드리시고 하나님 우편에 앉으사 그 후에 자기 원수들로 자기 발등상이 되게 하실 때까지 기다리시나니 저가 한 제물로 거룩하게 된 자들을 영원히 온전케 하셨느니라"(히10:11-14)

하나님은 예수님을 흠 없는 제물로 받으셨습니다. 제사장이 드리는 제사는 죄를 깨닫게 하는 제사였다면 예수님은 흠 없는 제물이 되어 죄사함을 위한 제사를 드렸습니다. 이렇게 화목제물이신 예수님은 온전하기 때문에 그의 보혈은 죄 사함을 위하여 온전합니다. 온전한 제물이 되었기에 매번 드릴 필요가 없습니다. 한번 그리고 영원한 제물이 되신 것입니다. 죄가 없기에 한번 그리고 영원한 제물이 되사 영원한 제사를 드린 것입니다. 이것이 바로 화목제물로 십자가에서 죽으심입니다. 화목제물이 되신 예수님은 하나님의 진노를 모두 감당하셨습니다. 하나님의 진노가 예수님의 보혈로 사라졌습니다. 피 흘림이 없이는 죄사함이 없습니다(히9:22). 그러므로 하나님은 예수님의 보혈을 근거로 인간과 화목하셨습니다. 이것을 증거하는 것이 바로 로마서 5:10입니다.

"곧 우리가 원수 되었을 때에 그 아들의 죽으심으로 말미암아 하나님으로 더불어 화목되었은즉 화목된 자로서는 더욱 그의 살으심을 인하여 구원을 얻을 것이니라"(롬5:10)

죄로 인하여 영원한 형벌 가운데 있어야 할 우리들이 예수 그리스도의 죽으심으로 하나님과 화목하게 되었습니다. 예수님의 버림 받으심으로 우리의 죄가 용서함 받고 하나님과 화목하게 되었습니다. 이것이 십자가에서 일어난 사건입니다.

우리의 구원은 결코 인간의 어떤 행위나 율법을 지킴으로 이루어지지 않습니다. 우리의 죄는 너무나 무거워서 선한 일을 한다고 해서 용서받는 것이 아닙니다. 아무리 씻고 씻어도 남는 것이 우리의 죄입니다. 우리의 행위로는 우리의 죄의 한 터럭도 씻지 못합니다. 오직 화목제물 되신 예수님의 십자가의 죽으섬 외에 우리 죄를 용서해 주는 것은 없습니다. 누구도 구원의 길에 설 수 없습니다.

그러나 아직도 많은 사람들이 이 진리를 모른 채 행위를 통해 신앙을 유지하려고 합니다. 많은 자연 종교들이 하는 일이 무엇입니까? 행위를 통한 구원에 이르려고 합니다. 그래서 온갖 참선과 명상과 의식과 선한 일을 합니다. 그러나 결코 구원의 길에 들어서지 못합니다. 우리의 죄가 우리의 의식과 행위를 통하여 이루어진다면 그리스도께서 죽으실 이유가 없습니다. 이미 하나님의 진노를 받은 자는 하나님의 방법으로 구원받아야 합니다. 그 방법은 바로 십자가입니다. 독생자를 십자가에 죽게 하심으로 모든 진노를 사하여 주셨습니다. 화목제물이신 예수님을 믿을 때 비로소 우리의 죄가 용서함 받고 구원에 이르게 됩니다.

바울은 이 사실을 알고 나서 자신이 가지고 있었던 모든 것을 배설물로 여길 수 있었습니다. 이 진리가 얼마나 위대한지를 알았기 때문입니다. 이 땅에서만 아니라 영원토록 하나님의 은혜를 누릴 수 있는 그 길을 알았는데, 없어질 이 땅의 모습을 자랑할 이유가 없습니다. 그러므로 바울은 그리스도의 십자가만 자랑하겠다고 하였습니다.

이제 우리도 이 진리를 받았습니다. 우리가 자랑할 것은 무엇입니까? 영원한 형벌을 대신 받으시고 화목제물이 되사 우리의 죄를 사하여 주신 예수님이 우리의 자랑이 아닙니까? 그렇다면 이제 우리의 가진 것이나, 우리의 지식, 우리의 외모, 우리의 경력을 자랑하지 맙시다. 그리스도의 십자가가 없다면 이 모든 것은 의미가 없습니다. 예수님의 십자가가 있기에 이 모든 것이 의미 있습니다. 그러므로 우리가 자랑할 것은 예수 그리스도의 십자가입니다. 이 자랑이 우리에게 넘치기를 소망합니다.

십자가를 자랑하는 자의 실천적 자세

여기서 한 가지 더 살펴야 할 것이 있습니다. 그것은 그리스도의 십자가를 자랑하는 자가 가지고 있어야 할 삶의 실천적 자세입니다. 십자가를 자랑하는 것은 말로 끝나는 것이 아닙니다. 바울은 말로 끝내지 않았습니다. 그는 구체적으로 십자가를 자랑하는 자신의 모습을 증거 합니다. 그것은 세상이 자신을 향한 태도에서 그리고 세상을 향한 자신의 태도에서 분명하게 나타남을 강조합니다.

"그리스도로 말미암아 세상이 나를 대하여 십자가에 못 박히고 내가 또한 세상을 대하여 그러하니라"(갈6:14)

이 말씀은 십자가를 자랑하는 자에게 나타나는 실제적인 모습을 보여줍니다. 십자가를 자랑하는 자는 세상이 알아 봅니다. 그리고 세상을 알아 봅니다. 이것이 그리스도의 십자가를 자랑하는 자에게 나타나는 모습입니다.

첫째로 세상이 나를 십자가에 못 박습니다. 이 말의 의미가 참 중요합니다. 세상은 누가 자신의 편인 줄 잘 압니다. 그래서 적극적으로 자신의 편을 만들려고 애를 씁니다. 반면에 자신과 함께 하지 못할 사람이 누구인지 또한 잘 압니다. 자신에게 우호적이지 않은 사람에게 가까이 하지 않습니다. 그래서 때로는 왕따를 당하기도 합니다. 삶의 목적이 성공이 아니기에 성공을 위하여 무엇이든 하려는 세상은 우리를 조롱하기도 합니다. 세상이 스스로 나를 십자가에 못 박는 것입니다.

장사하는 분들은 이 사람이 물건을 사러 왔는지 구경하러 왔는지 안다고 합니다. 분명 어떠한 표징이 있기에 그럴 것입니다. 이처럼 세상은 자기편인지 아닌지를 잘 압니다. 그래서 자기편이라 생각이 들면 온갖 술수를 통하여 접근합니다. 특히 죄의 속성은 더욱 그러합니다. 그러나 십자가를 자랑하는 사람에게는 가까이 하지 않습니다. 그들 스스로 십자가를 가까이 하는 사람을 십자가에 못 박습니다. 이것이 바로 십자가를 자랑하는 자에게 나타나는 세상의 모습입니다.

둘째로 내가 세상을 십자가에 못 박습니다. 이것은 더욱 적극적입니다. 세상의 것이 삶의 제일이 아니기 때문에 흔들리지 않습니다. 욕심도 없습니다. 그러므로 유혹에 넘어가지 않습니다. 이미 세상을 십자가에 못 박았기 때문입니다.

오래 전에 한 친구의 권유로 피라미드 훈련을 받은 적이 있었습니다. 그 친구는 거기에 목사들도 있다고 하면서 강권하여 데려갔습니다. 3박4일 동안 숙식하면서 들은 강의의 전반적인 내용은 순식간에 돈을 엄청나게 벌 수 있다는 내용이었습니다. 20대 사장이 될 수 있고, 당시에 20대가 그랜저를 몰고 다닌다고 하였습니다. 정말 많은 사람들이 모였고 강의마다 집중도가 매우 높았습니다. 그러나 저에게는 아무런 감동이 없었습니다. 물질적 성공에 관심이 적었기 때문입니다. 그리고 아무리 들어도 건전하지 못한 내용 투성이였습니다. 사람들을 매개 삼아 하는 것은 성경의 방법과 달랐습니다. 땀을 흘리지 않고 돈을 벌게 하는 것은 대부분 사단의 유혹입니다. 결국 밥만 먹고 잘 쉬다가 나왔습니다. 그리고 친구도 나오도록 설득하였습니다.

세상을 십자가에 못 박으면 부정직한 방법으로 성공을 이루지 않습니다. 땀 흘리지 않고 열매를 기대하지 않습니다. 이것은 십자가를 자랑하는 자의 모습이 아닙니다. 십자가를 자랑하는 것은 실제로 세상의 것들을 십자가에 못 박아야 합니다. 그리고 하나님이 주시는 은혜로 살아갑니다. 자신의 자랑과 교만이 사라지고 하나님의 은혜와 감사만 있습니다. 하나님이 주시는 것으로 만족합니다. 바울 사도는 이렇게 고백합니다.

"내가 궁핍하므로 말하는 것이 아니라 어떠한 형편에든지 내가 자족하기를 배웠노니 내가 비천에 처할 줄도 알고 풍부에 처할 줄도 알아 모든 일에 배부르며 배고픔과 풍부와 궁핍에도 일체의 비결을 배웠노라 내게 능력 주시는 자 안에서 내가 모든 것을 할 수 있느니라"(빌4:11-13)

자족할 뿐 아니라 하나님의 능력으로 살아갑니다. 다른 능력이 아닙니다. 회사를 운영하는 분들은 뇌물과 술수로 쉽게 가는 길을 잘 알고 있습니다. 정치인들 그리고 공무원들도 뇌물을 받는 길을 잘 알고 있습니다. 신문을 보면 이러한 악의 고리들이 잘 나타납니다. 그런데 십자가를 자랑하는 사람들은 하나님의 능력으로 살아갑니다. 그리고 자족합니다. 이것이 세상을 십자가에 못 박은 사람의 모습입니다. 이러한 모습이 우리의 삶의 과정이며 전부이기를 소망합니다.

바울은 무엇보다 십자가만을 자랑하겠다고 고백합니다. 바울에게 있어서 십자가는 저주와 미련함이 아니었습니다. 바울은 십자가에서 하나님의 진노를 보았으며 하나님이 주시는 화목을 보았습니다. 그러므로 그가 가졌던 이전의 모든 학문을 배설물로 여겼습니다. 그리스도의 십자가의 복음 외에는 아무 것도 아님을 발견하였습니다. 그리고 이 십자가만을 자랑하였습니다.

십자가를 자랑하며 살 때 세상은 우리를 알아봅니다. 그리고 우리도 세상을 분별할 수 있습니다. 십자가를 자랑할 때 우리는 하나님이 주시는 능력을 경험합니다. 그러므로 우리가 예수 그리스도의 십자가의 은혜를 보았다면 우리의 전 생애가 이 십자가를 자랑하는 삶이 되기를 소망합니다.

십자가 약속이 주는
기쁨을 소유하다

히12:2

믿음의 주요 또 온전케 하시는 이인 예수를 바라보자 저는 그 앞에 있는 즐거움을 위하여 십자가를 참으사 부끄러움을 개의치 아니하시더니 하나님 보좌 우편에 앉으셨느니라

본문은 믿음의 정의와 믿음의 선진들을 소개한 뒤에 나온 말씀입니다. 믿음의 선진들은 쉬운 삶을 살지 않았습니다. 히브리서는 이들의 삶의 모습을 다음과 같이 묘사합니다.

"여자들은 자기의 죽은 자를 부활로 받기도 하며 또 어떤 이들은 더 좋은 부활을 얻고자 하여 악형을 받되 구차히 면하지 아니하였으며 또 어떤 이들은 희롱과 채찍질뿐 아니라 결박과 옥에 갇히는 시험도 받았으며 돌로 치는 것과 톱으로 켜는 것과 시험과 칼에 죽는 것을 당하고 양과 염소의 가죽을 입고 유리하여 궁핍과 환난과 학대를 받았으니 이런 사람은 세상이 감당치 못하도다 저희가 광야와 산중과 암혈과 토굴에 유리하였느니라" (히11:35-38)

이들은 쉬운 삶을 살지 않았습니다. 본문 38절의 말씀처럼 이들은 '세상이 감당치 못한'사람이었습니다. 이들은 고난을 이기고 믿음을 지킴으로 존귀한 존재이며, 훌륭한 믿음을 가졌다고 인정을 받았습니다. 그러나 약속된 메시야는 보지 못하였습니다. 이들은 그리스도께서 다시 오신다는 약속만 믿고, 배교하지 않고 믿음으로 살았습니다. 그 믿음이 얼마나 아름답고 복된 것인지 모릅니다. 하나님은 이들의 아름다운 신앙을 결코 잊지 않았습니다. 그래서 말씀으로 기록함으로 오고 오는 모든 사람에게 이들의 신앙을 알리신 것입니다.

약속만 믿고도 신앙을 지킨 증인들이 우리에게 구름 같이 많이 있는데 약속이 성취됨을 본 우리는 어떠해야 하겠습니까? 더욱더 믿음의 길을 가야 합니다. 믿음의 선배들은 얽매이기 쉬운 죄를 버리고 고난이 함께 하는 길이지만 인내함으로 신앙의 길을 달려가자고 촉구합니다. 그들은 우리 앞에서 이렇게 살아갔습니다. 우리 혼자 이렇게 사는 것이 아니라 이미 앞선 믿음의 선배들이 모범을 보여 주셨습니다. 그러기에 "왜 나에게만 이러한 고난이 있어야 합니까?" 라고 원망하거나 슬퍼하지 마시기 바랍니다. 우리가 겪은 이 고난의 길을 이미 믿음의 선배들이 걸어갔고 마침내 승리하여 하나님의 영광에 들어갔습니다. 그렇다면 우리도 이 믿음의 길을 인내하며 걸을 수 있으며 우리도 하나님의 영광에 들어 갈 수 있습니다.

믿음의 선배들의 삶을 잘 살펴보면 우리도 이 땅에서 믿음의 삶을 인내하며 갈 수 있는 지혜를 얻을 수 있습니다. 이런 이유로 하나님은 교회를 세우시고 믿음의 공동체를 만들어 주셨습니다. 믿음의 길을 인내하며 걸을 수 있는 지혜를 얻을 수 있도록 교회라는 멋진 공동체를 만들어 주셨습니다. 우리가 교회에 속해 있다는 자체가 얼마나 소중한 사실인지요! 교회는 하나님의 뜻이 분명하게 드러난 곳입니다. 교회를 통하여 믿음의 경주를 잘 감당 할 수 있어야 합니다. 이것이 우리가 가야 하는 믿음의 삶입니다.

믿음의 좌표와 이정표

우리는 믿음의 길을 인내하며 걸어 갑니다. 길을 걸어 간다고 할 때는 반드시 목적지가 있게 마련입니다. 길을 떠났는데 어디로 가야 할지 모른다면 어떻게 되겠습니까? 수평선이 끊임없이 보이는 바다라 할지라도 가야 할 곳과 가지 말아야 할 곳이 있습니다. 그 유명한 타이타닉호가 침몰한 이유는 가지 말아야 할 곳으로 갔기 때문입니다. 수면 아래는 보이지 않지만 길이 있습니다. 타이타닉호는 잘못된 길로 들어서는 바람에 암초에 걸렸고 결국 거대한 배가 가라앉아 버리고 말았습니다. 이렇게 바다에 길이 있기에 해도(海圖)가 제작된 것입니다. 하늘도 동일합니다.

삶의 길도 마찬 가지입니다. 가야 할 좌표와 방향을 알려 주는 이정표가 없으면 이리 저리 떠돌다 좌초하게 됩니다. 가야 할 좌표도 없고 가는 길에 이정표가 없다면 어떻게 되겠습니까? 좌표와 이정표가 없다면 어디로 가야 할지 모르고 방황하게 됩니다. 많은 사람들이 교회에 와도 가야 할 길을 알지 못하므로 방황하다가 길을 잃는 것을 봅니다. 실제로 얼마나 많은 사람들이 교회를 등지고 살고 있습니까? 또한 교회를 등지는 것으로 끝나는 것이 아니라 교회의 적대 세력이 되어 하나님을 모독하는 일에 앞장 서는 것을 봅니다. 이렇게 된 것은 교회가 분명한 믿음의 길을 알려 주지 못하였거나, 이들이 믿음의 길에 들어서지 않았기 때문입니다. 그러므로 무엇보다 우리가 힘써야 할 것은 믿음의 좌표를 바로 세우고 믿음의 이정표를 바라보는 것입니다. 좌표와 이정표대로 간다면 우리는 머지않아 영광의 자리에 서게 될 것입니다.

히브리서 기자는 본문 말씀을 통하여 우리가 바라보아야

할 믿음의 좌표를 분명하게 설정합니다. 그것은 바로 '예수 그리스도'입니다. 예수 그리스도는 믿음의 주인이고 근원 이며 뿌리입니다. '믿음의 주'라고 할 때 그것은 '믿음의 근원, 뿌리'를 말합니다. 또한 '온전케 하시는 이'는 믿음을 완성시켜 주시는 분, 믿음을 완전하게 인도 하시는 분이라는 의미입니다. 그러므로 예수 그리스도는 우리의 믿음의 좌표입니다. 이것은 매우 중요합니다.

말씀은 예수님을 바라볼 것을 요구합니다. 여기서 '바라보다'의 의미는 고정한다는 의미를 담고 있습니다. 우리의 눈이 고정되어야 할 것은 바로 '예수 그리스도'입니다. 그것은 예수님이 우리 믿음의 주인이기 때문입니다. 또한 우리의 믿음을 완전하게 만들어 주시기 때문입니다. 예수님을 바라보지 않는 믿음은 결코 완전해지지 않습니다. 교회와 성도가 바라보아야 할 것은 바로 예수 그리스도입니다. 예수님만이 우리의 믿음의 근원이시며 우리의 믿음을 완성시켜 주십니다.

예수 그리스도께 고정되지 않는 신앙은 늘 불안합니다. 여전히 많은 이들이 예수님 외에 부와 성공 그리고 건강 등 다른 것에 눈을 고정합니다. 이런 것들을 얻고자 믿음을 갖기도 하고, 이러한 것이 준비되어야 교회를 나오기도 합니다. 그러나 이런 모습으로는 결코 완전한 신앙에 자랄 수 없습니다. 우리의 신앙이 충만한 자리에 이르기 위해 우리가 할 수 있는 최선은 예수 그리스도께 우리의 눈을 고정하는 것입니다.

유명한 장군이며 문학 천재였던 류 월레이스는 그의 친구 잉거르솔과 함께 기독교를 영원히 도말해 버릴 책을 쓰자고 같이 약속하였습니다. 그들은 예수를 믿고 예배하는 사람들이 그럴듯한 굴레 안에 갇혀있는 것에 분개하였습니다. 그래서 그들은 기독교를 없애기 위해서 유럽과 미국의 유명한 도서관에서 기독교를 파괴할 자료를 찾으면서 2년 동안을 연구하였습니다. 그러던 어느 날 그는 성경책을 읽다가 나의 주, 나의 하나님을 크게 울부짖으면서 예수님께로 돌아왔습니다. 기독교를 없애려고 하였으며, 예수를 사기꾼이라 하였던 그가 예수님을 발견하고 바라보자 그 앞에 무릎을 끊었고, 후에 그는 지금까지 쓰여 졌던 그리스도의 생애에 관한 가장 위대한 소설 중에 하나이며 너무나 잘 알려진 '벤허'를 썼습니다.

무엇 때문에 류 월레이스가 변했습니까? 바로 예수그리스도 때문입니다. 예수를 만나고 알고 바라보는 자는 그 누구든지 그에게 사로잡히며 변할 수 밖에 없습니다. 예수 그리스도께 우리의 눈이 고정될 때 우리의 신앙은 완성됩니다. 믿음의 근원이신 예수 그리스도께서 우리의 신앙을 완전하게 만들어 주십니다. 그러므로 우리가 믿음의 자리에서 방황하지 않고 멀어지지 않으려면 우리의 눈이, 생각이, 우리의 손과 발이, 우리의 삶이 예수 그리스도에게 고정되어야 합니다. 이것이 우리로 하여금 행복한 신앙의 길을 가게 합니다.

바울은 자신의 삶이 그리스도에게 고정되어 있음을 분명하게 고백합니다. 그러기에 바울은 어려운 환경 가운데서도 신앙이 더욱 견고해졌습니다.

"내가 이미 얻었다 함도 아니요 온전히 이루었다 함도 아니라 오직 내가 그리스도 예수께 잡힌 바 된 그것을 잡으려고 좇아가노라"(빌3:12)

이것이 바울의 일생이었습니다. 믿음의 사람들이 걸어갔던 삶의 일생이 바로 여기에 있습니다. 믿음의 주요 온전케 하시는 예수님을 바라 볼 때 우리의 신앙은 견고해지고 믿음의 삶을 변함없이 걸어갈 수 있습니다.

십자가를 참으신 예수 그리스도

예수 그리스도께 우리의 모든 것이 고정되어야 함이 분명합니다. 여기서 놓치지 말아야 할 중요한 것은 우리의 믿음의 좌표인 예수 그리스도의 모습입니다. 우리는 예수님이 걸어가신 길을 가야 합니다. 예수님은 우리에게 무엇을 위하여 살 것이며 어떻게 살아야 할 것인가를 알려 주셨습니다. 본문은 이러한 예수님의 삶을 우리에게 증거 합니다. 예수님은 사람들이 부끄러워하는 십자가를 부끄러워하지 않았으며 모든 수모와 고통을 참으셨습니다. 십자가는 사람들의 멸시를 상징합니다. 이사야 선지자는 예수님이 지신 십자가의 모습을 이렇게 예언하였습니다.

"그는 멸시를 받아서 사람에게 싫어버린 바 되었으며 간고를 많이 겪었으며 질고를 아는 자라 마치 사람들에게 얼굴을 가리우고 보지 않음을 받는 자 같아서 멸시를 당하였고 우리도 그를 귀히 여기지 아니하였도다"(사53:3)

십자가의 예수는 이러한 멸시와 조롱과 고통과 버림을 받았습니다. 이미 보았듯이 십자가는 저주 그 자체입니다. 이러한 십자가를 부끄러워하지 않는 것은 쉬운 일이 아닙니다. 그러나 예수님은 이 십자가를 부끄러워하지 않고 인내하셨습니다. 사람들의 멸시에 흔들리지 않았습니다. 주님께서 십자가를 지실 때 사람들의 조롱은 참기 힘든 일이었습니다. 복음서는 십자가를 지신 예수님의 모습을 생생하게 기록합니다.

"예수에게 자색 옷을 입히고 가시 면류관을 엮어 씌우고 예하여 가로되 유대인의 왕이여 평안할지어다 하고 갈대로 그의 머리를 치며 침을 뱉으며 꿇어 절하더라 희롱을 다한 후 자색 옷을 벗기고 도로 그의 옷을 입히고 십자가에 못박으려고 끌고 나가니라"
(막15:17-20)

이러한 멸시와 조롱이 있었지만 주님은 십자가를 참았습니다. 하나님께 순종하며 십자가를 부끄러워하지 않고 담대하게 십자가를 지셨습니다. 예수님께서 이렇게 수치의 상징인 십자가를 질 수 있었던 것은 '앞에 있는 기쁨(히12:2)' 때문입니다. 이것이 예수님으로 하여금 십자가를 기꺼이 지게 하였습니다. 저주의 상징이며, 멸시의 대상인 십자가를 질 수 있었던 것은 '앞에 있는 기쁨'이 분명하기 때문입니다.

십자가를 지신 기쁨과 만족함

그렇다면 그 기쁨은 무엇입니까? 이사야 선지자는 예수님이 보셨던 그 기쁨을 미리 알려주었습니다.

"그가 찔림은 우리의 허물을 인함이요 그가 상함은 우리의 죄악을 인함이라 그가 징계를 받음으로 우리가 평화를 누리고 그가 채찍에 맞음으로 우리가 나음을 입었도다 우리는 다 양 같아서 그릇 행하며 각기 제 길로 갔거늘 여호와께서는 우리 무리의 죄악을 그에게 담당시키셨도다"(사53:5-6)

예수님은 자신이 져야 할 부끄러운 십자가로 인하여 주어질 그 영광을 보았습니다. 자신이 진 부끄러운 십자가가 하나님이 사랑하는 인간의 허물을 제하고, 죄악을 없애는 것을 보았습니다. 그리고 하나님과 평화를 이루게 하였고 영적인 저주에서 치유함을 받게 하였습니다. 이 사실을 예수님은 보았습니다. 자신의 죽음이 헛되지 않음을 보았습니다. 자신이 화목제물로서 부끄러운 십자가를 지심으로 이루어진 놀라운 일을 보았습니다. 그러므로 그는 고난의 십자가를 만족하게 여겼습니다.

"가라사대 그가 자기 영혼의 수고한 것을 보고 만족히 여길 것이라 나의 의로운 종이 자기 지식으로 많은 사람을 의롭게 하며 또 그들의 죄악을 친히 담당하리라"(사53:111)

예수님께서 십자가를 기뻐하신 것은 십자가가 사람을 의롭게 만들기 때문입니다. 십자가에서 우리의 죄를 담당하심으로 우리를 의롭게 하였습니다. 그러므로 예수님은 이 십자가를 부끄러워하지 않고 오히려 기뻐하셨습니다. 그리고 그 기쁨의 영광을 누리고 있습니다. 십자가는 사람들의 눈에는 미련하고, 저주받고, 부끄럽게 보일 수 있지만 구원 받은 백성에게는 하나님의 영광이며 사랑입니다.

히브리서 기자는 예수님이 누린 영광을 '하나님 보좌 우편에 앉으셨느니라'고 증거합니다. 십자가는 부끄러운 것이지만 영광을 보게합니다. 그러기에 십자가 없이 면류관은 없습니다. 예수님은 이 부끄러운 십자가를 기뻐하셨습니다. 그리고 하나님이 주시는 영광을 보았습니다. 이것이 우리가 가야 할 신앙의 길입니다.

십자가가 주는 영적 선물과 지혜

십자가 없이 결코 평화도 없고, 치유도 없고, 구원도 없습니다. 십자가는 부끄러움의 상징이지만 십자가 없이 아무것도 얻을 수 없습니다. 바로 여기에 우리도 십자가를 기뻐해야 하는 이유가 있습니다. 그렇다면 이제 해야 할 일은 분명합니다. 십자가를 기뻐하는 것입니다. 비록 그것이 힘든 삶이라 할지라도 십자가만이 구원과 평화를 줍니다. 다른 그 어떤 것도 우리에게 참된 구원과 기쁨을 줄 수 없습니다. 오직 예수 그리스도의 십자가뿐입니다. 그러기에 예수님은 십자가를 감당하셨습니다. 우리의 믿음이 예수님을 바라볼 때 완성된다면 우리 주님이 기쁨으로 지셨던 그 십자가를 우리도 기뻐할 수 있어야 합니다. 주님께서 제자가 되는 조건을 말씀하실 때 십자가를 언급하신 이유가 바로 이것입니다.

"무리와 제자들을 불러 이르시되 아무든지 나를 따라 오려거든 자기를 부인하고 자기 십자가를 지고 나를 좇을 것이니라"(막 8:34)

부끄러움의 상징인 십자가를 질 수 있을 때 참된 예수의 제자가 될 수 있습니다. 오직 십자가를 지는 자만이 예수의 제자가 될 수 있습니다. 예수님께서 미련하고 부끄러운 십자가를 지는 것을 제자의 조건으로 삼으신 것은 바로 십자가만이 하나님의 구원을 볼 수 있는 길이었기 때문입니다. 십자가만이 인류의 참된 행복을 가져다 줍니다. 십자가를 알 때 진정한 사랑을 누릴 수 있습니다. 이것이 오늘 우리가 십자가를 기뻐해야 하는 이유입니다.

믿음의 근원이시고 우리의 믿음을 완성케 해 주시는 예수님을 따르기로 하였다면 이제 우리가 해야 할 일은 예수님이 걸어가신 길을 따르는 것입니다. 그 길은 십자가의 길입니다. 부끄러운 십자가를 참으사 참된 평화와 치유와 구원을 주신 그 십자가를 기뻐하고 따를 수 있기를 소망합니다. 십자가는 사람들에게는 가치 없이 보이지만 십자가 없이 우리는 참된 구원을 누릴 수 없습니다.

현실적 십자가는 저주의 상징이었지만 주님의 십자가는 생명의 상징입니다. 그러므로 생명을 누리고자 하는 자라면 십자가로 나가야 합니다. 십자가는 우리에게 다음과 같은 영적인 선물과 지혜를 주기 때문입니다.

첫째, 십자가는 하나님의 사랑을 보여 줍니다. 하나님의 사랑을 가장 분명하게 볼 수 있는 곳이 바로 십자가입니다. 십자가에서 우리는 하나님의 크고 놀라운 사랑을 발견할 수 있습니다. 십자가 없이 하나님의 사랑을 논할 수 없습니다. 변함없이 사랑하시는 하나님의 그 큰 은혜는 십자가에서 볼 수 있습니다.

둘째, 십자가는 고난을 보여줍니다. 십자가는 영적인 삶에 다가오는 고난을 말해 줍니다. 십자가는 고난이 없는 신앙은 없음을 보여줍니다. 우리의 푯대인 예수님께서 걸어가신 고난의 길을 십자가가 증거 합니다. 그러므로 우리가 예수님을 따르고자 할 때 우리는 세상으로부터 고난을 받습니다.

셋째, 십자가는 승리의 상징입니다. 십자가는 분명하게 고난을 보여주지만 고난으로 끝나지 않습니다. 십자가는 승리의 시작입니다. 죄를 죽이고 의에 대하여 살아나는 곳이 바로 십자가입니다. 십자가의 죽음이 없다면 새 생명을 볼 수 없습니다. 십자가는 고난 뒤에 오는 영광을 예비하는 곳입니다. 그러므로 십자가 없이 결코 영광을 볼 수 없습니다.

넷째, 십자가는 참된 안식입니다. 이 땅의 삶은 쉴 틈이 없습니다. 그러기에 안식을 누리지 못합니다. 더구나 온갖 미혹은 우리로 하여금 죄의 자리에 서는 것을 쉽게 만듭니다. 그러므로 육적으로나 영적으로나 우리는 안식을 누리지 못합니다. 그런데 십자가 안에서는 우리는 영적으로 육적으로 안식을 누릴 수 있습니다. 그래서 지친 영혼들이 십자가 앞으로 오는 이유가 여기에 있습니다. 십자가는 우리로 하여금 진정한 안식이 무엇인지 알려줍니다.

다섯째, 십자가는 평화입니다. 죄로 인하여 분리된 인간의 삶은 계속되는 전쟁의 연속입니다. 국가 간의 보이는 전쟁뿐 아니라 삶의 각 영역에서 이루어지고 있는 보이지 않는 전쟁은 우리의 피를 마르게 합니다. 하나님의 교회에서도 끊임없이 나타나는 갈등과 싸움은 우리를 불안하게 합니다. 그런데 십자가 아래서는 더 이상 싸움이 없습니다. 십자가는 하나님과 우리 사이에, 그리고 이웃과 우리 사이, 자연과 우리 사이에 평화를 이루고, 나아가 나 자신과 나의 자아 사이에도 평화를 이룹니다. 이 평화 특징은 화목함입니다. 미워하고 시기하고 경쟁하지 않습니다. 그러므로 샬롬의 나라를 기대하게 하는 것입니다.

여섯째, 십자가는 삶의 소망입니다. 소망이 없는 사람은 이미 죽은 것이나 다름 없습니다. 소망이 삶의 의욕을 갖게 하고 열심히 살게 합니다. 이러한 기쁨을 주는 것이 바로 십자가입니다. 예수님의 십자가는 우리의 삶에 소망이 있다고 말씀합니다. 비록 지치고 힘든 일이 연속적으로 온다 하더라도 십자가는 우리에게 힘이 되고 능력이 되고 영광이 됩니다.

십자가 안에서 비로소 우리는 삶의 진정한 의미를 찾을 수 있습니다. 그러므로 부활의 영광에 앞서 십자가를 묵상해야 합니다. 오늘도 우리 가운데 와 있는 십자가를 바라보시기 바랍니다.

일곱째, 십자가는 하나님의 공의를 선포합니다. 십자가에서 하나님은 우리들이 지은 모든 죄를 그리스도에게로 다 전가 시켰습니다. 더 이상 우리에게 죄의 대한 책임을 묻지 않기로 하셨습니다. 십자가는 하나님의 공의로우심에 가장 합당한 곳입니다. 그 어떤 것도 하나님의 공의로우심을 만족시킬 수 없습니다. 오직 그리스도의 십자가만이 하나님의 공의하심을 만족시킬 수 있습니다.

여덟째, 십자가는 죄에 대한 하나님의 마음을 보여줍니다. 죄는 하나님의 거룩한 성품과는 비교 될 수 없습니다. 죄는 하나님과 우리의 관계를 끊어 놓았습니다. 모든 것의 분리가 바로 죄로부터 왔습니다. 그러므로 죄를 가지고 있는 한 누구든지 하나님과 교제 할 수 없습니다. 죄의 흔적을 가지고서는 하나님의 영광을 바라 볼 수 없습니다. 죄는 이렇게 하나님의 마음을 아프게 합니다. 그러나 어떤 인간도 죄의 문제를 해결할 수 없습니다. 오직 하나님만이 이 문제를 해결 하실 수 있습니다. 하나님은 이 죄를 해결 하시는 방법으로 예수 그리스도를 십자가에서 돌아가시게 하였습니다. 그리고 예수의 피로 우리의 모든 죄악을 씻겨 주셨습니다. 하나님은 이렇게 죄에 대한 자신의 마음을 분명하게 보여 주셨습니다. 사랑하여도 죄가 있으면 하나님과 함께 할 수 없기에 사랑과 공의를 동시에 이루시고 죄에 대하여 철저하게 징계하시는 곳이 바로 십자가입니다.

아홉째, 십자가는 하나님을 대면하기 위해 통과하는 문입니다. 하나님을 대면하는 것은 하나님과 교제할 수 있음을 말합니다. 이 교제는 다른 말로 '기도'라고 할 수 있습니다. 우리가 거룩하신 하나님께 기도할 수 있는 것은 바로 그리스도의 십자가 때문입니다. 십자가에서 흘리신 보혈의 피가 우리로 하여금 하나님을 대면하고 기도할 수 있게 하였습니다. 이제 누구든지 그리스도의 십자가 아래 있으면 하나님을 대면하고 교제 할 수 있습니다. 우리의 모든 문제를 있는 그대로 하나님께 가져 갈 수 있는 것은 바로 예수 그리스도의 십자가 때문입니다.

열째, 십자가는 참된 믿음의 고백입니다. 우리의 믿음은 바로 십자가에 있습니다. 십자가는 참된 믿음이 무엇인지를 보여주는 곳입니다. 우리가 믿음으로 고백하는 모든 것은 바로 그리스도의 십자가에 있습니다. 우리의 죄를 사하시고 우리를 사랑하시고 우리를 인도하시고 하나님의 영광에 이르도록 함께 하시는 모든 것이 바로 그리스도의 십자가에 있습니다. 그리스도의 십자가는 회심을 일으키고 칭의를 말하여 주며 성화의 삶을 살게 합니다. 그러므로 우리의 신앙의 근본은 바로 그리스도의 십자가에 있습니다.

열한째, 그리스도의 십자가는 이 땅에서 우리의 삶이 어떠해야 하는지 알려줍니다. 십자가는 저주의 상징입니다. 부끄러움의 표시였습니다. 그런데 그리스도께서 이 십자가를 지셨습니다. 아무런 죄도 없으신 주님께서 부끄러움을 감당하셨습니다. 가장 높으신 분이 가장 낮은 자리에 오셨습니다. 이것은 우리의 삶이 어떠해야 하는지 잘 보여 줍니다. 그리스도인의 삶은 자신을 비워 낮아지는 삶입니다. 가난하고 힘든 이들과 함께 하는 삶입니다. 그러므로 교만은 그리스도인과는 거리가 먼 것입니다. 주님은 나를 따라 오려거든 자기 십자가를 지고 따라오라고 하셨습니다. 십자가는 그리스도인의 삶이 이타적이어야 함을 보여줍니다. 십자가를 볼 때 우리의 삶을 볼 수 있습니다.

마지막으로, 그리스도의 십자가는 부활을 통하여 그 영광을 나타냅니다. 이미 십자가는 우리의 삶에 있어서 승리를 보장하는 것임을 보았습니다. 십자가는 이 땅에서 살아가는 이들에게 주신 천상의 무기입니다. 그 어떤 대적도 이길 수 있는 강력한 무기인 십자가는 우리에게 부활의 영광으로 가는 통로가 됩니다. 십자가 없이 결코 부활은 없습니다. 십자가가 있기에 부활의 영광이 있습니다. 죄의 결과인 죽음을 이기고 부활하신 주님은 십자가 없이 알 수 없습니다.

부활의 영화로움은 바로 십자가에서 나타납니다. 부활은 십자가가 헛된 것이 아님을 증명합니다. 부활은 참된 승리의 도구가 십자가임을 알려줍니다. 부활의 그 큰 기쁨과 소망은 십자가가 주는 영광입니다. 그러므로 우리는 늘 이 십자가를 바라보아야 합니다. 십자가를 바라 볼 때 부활의 기쁨은 더욱 선명해집니다.

십자가 아래 머물기

우리에게 주신 십자가를 늘 바라보고 그 아래 머물기를 기뻐합시다. 그러면 하나님께서 주시는 영광을 누릴 것입니다. 이렇게 우리에게 놀라운 선물을 주시는데 사람들에게 부끄럽다고 해서 십자가를 포기하시겠습니까? 예수님처럼 앞에 있는 즐거움을 위하여 십자가를 질 수 있는 우리의 믿음이 되기를 소망합니다. 우리 모두 십자가를 통한 영광의 자리에 서기를 소망합니다.

2부 / 십자가의 승리

확신을 딛고
자유를 얻다

롬6:5-7

만일 우리가 그의 죽으심을 본받아 연합한 자가 되었으면 또한 그의 부활을
본받아 연합한 자가 되리라 우리가 알거니와 우리 옛 사람이 예수와 함께 십
자가에 못박힌 것은 죄의 몸이 멸하여 다시는 우리가 죄에게 종노릇하지 아
니하려 함이니 이는 죽은 자가 죄에서 벗어나 의롭다 하심을 얻었음이니라

구원에 대한 의심

어릴 적 가끔 이런 질문을 던져 본적이 있었습니다. 우리
어머니, 아버지가 진짜 우리 어머니, 아버지일까? 왜냐하면
어머니께 "나는 어떻게 태어났어?"라고 물으면 어머니는 말
씀하기를 "다리 밑에서 데려왔지."라고 대답하였기 때문입니
다. 이 말을 기억하고 있던 나는 가끔 어머니께 매를 맞으면
'진짜 우리 엄마가 아닌가 보다 어떻게 자식을 이렇게 때릴 수
있지?'라는 생각이 들었습니다. 물론 시간이 지나서 모든 것이
해소되어 감사하며 살게 되었지만 만약 이 생각이 계속 들었

다면 삶은 정말 피곤했을 것입니다.

그런데 이러한 비슷한 일이 우리의 영적인 삶에도 나타날 수 있습니다. 바로 구원에 대한 의심입니다. 정말 나는 구원 받았을까? 이러한 고민은 순간순간 우리에게 찾아와서 우리의 신앙생활을 무기력하게 만듭니다. 이러한 의심은 예수님의 십자가의 죽으심이 나와 무슨 관계가 있느냐는 의심을 불러일으키게 되고 급기야 배교의 길에 서기도 합니다. 그러므로 건강한 신앙생활을 유지하려면 이 문제를 반드시 해결하여야 합니다.

이번 장에서는 구원을 의심하는 문제의 해결을 살펴보고, 건강하고 행복한 신앙의 길이 무엇인지 나누어 보고자 합니다. 우리가 살펴 볼 말씀은 로마서 가운데 아주 중요한 위치에 있는 말씀입니다. 본문 6장은 그리스도의 성화에 대하여 말씀하고 있는 중요한 장입니다. 그리고 우리가 중점적으로 볼 5-7절은 6장 전체를 이해하는데 있어서 매우 중요한 연결 고리가 되는 말씀입니다. 6장 전체의 내용을 살펴보자면 다음과 같이 생각할 수 있습니다.

1-4절까지는 그리스도인은 새 생명을 가지고 사는 자임을 말씀합니다.

5절은 새 생명을 가진 자는 그리스도의 죽으심과 그리스도의 부활하심에 연합된 자임을 언급합니다.

6-7절은 예수님의 죽으심을 본받아 연합된 것이 무엇을 의미하는지 구체적으로 언급하고, 8-11절까지는 부활하심에 본받아 연합됨에 대하여 구체적으로 설명합니다. 즉, 11절까지 교리적 설명을 하고 나서 12절 부터는 실천적인 삶을 말씀합니다.

미리 말씀 드렸듯이 로마서 6장은 그리스도인의 신앙 여정에 있어서 아주 중요한 교리와 실천을 다루고 있습니다. 동시에 십자가 신앙의 총체적인 모습을 보여주고 있습니다. 이제 6-7절을 중심으로 예수 그리스도의 죽으심과 우리의 신앙에 대하여만 살펴 보고자 합니다.

새 생명을 가진 자의 삶의 모습

본문은 일차적으로 그리스도인에게 주신 말씀입니다. 본문 말씀은 예수 그리스도로 말미암아 새 생명을 가진 자가 살아야 할 삶의 모습을 말하고 있습니다. 그러므로 그리스도인 된 우리들이 잘 새겨들어야 할 말씀입니다. 동시에 아직 그리스도인이 되지 못한 사람들에게도 이 말씀은 필요합니다. 예수 믿음의 아름다움이 무엇인지 보여주기 때문입니다. 누구든지 이 말씀을 받아들이고 믿음으로 결단한다면 그의 삶에는 풍성한 은혜가 임할 것입니다. 본문은 3가지 관점에서 살펴볼 수 있습니다.

첫째, 그리스도인은 예수 그리스도와 연합된 사람입니다.
그리스도인이 가지고 있는 자기 정체성은 분명합니다. 그것은
'예수 그리스도와 연합된 존재'입니다. 5절 하반절을 보면 "연
합된 자가 되리라"는 말씀이 있습니다. 이 말씀은 미래에 이
루어질 그 영광의 날을 포함하고 있습니다. 틀림없이 우리는
그리스도와 함께 영광스러운 상태에 이를 것입니다. 그렇다면
현재는 어떠합니까? 우리가 그리스도와 함께 영광스러운 상
태에 이른다는 말이 지금은 그리스도와 연합된 상태가 아니
라는 의미입니까? 결코 그렇지 않습니다. 현재도 동일하게 그
리스도와 연합된 상태에 있습니다. 그리스도인은 현재 성화의
상태에 있다가 마침내 영화로운 상태에 이르게 될 것입니다.
이 모든 것이 우리가 그리스도와 함께 연합됨에 기초합니다.

영적 접붙임

그렇다고 한다면 본문이 말하는 연합됨의 의미는 무엇입니
까? 본문이 말하는 연합됨은 영적인 접붙임을 의미합니다. 접붙
임은 원가지에 다른 가지를 갖다 붙이는 것입니다. 그렇게 되면
접붙임한 가지는 이제 원가지의 생명과 함께 하게 됩니다. 그의

영양분을 먹고 그와 함께 성장하게 됩니다. 우리가 예수 그리스도와 연합되었다는 것은 바로 예수 그리스도에게 접붙여졌음을 말합니다. 칼빈은 "접붙임이란 우리가 그리스도를 본받아 따르는 것뿐만 아니라, 그리스도와 함께 성장하는 신비한 연합"이라고 하였습니다. 그리스도인은 그리스도에게 접붙임을 당한 자입니다. 그러므로 그리스도와 함께 모든 것을 공유합니다. 사도는 본문에서 그리스도인의 연합을 그리스도의 죽으심과 부활하심을 본받아 연합되었다고 말씀합니다. 이것이 우리의 본질입니다.

그런데 사도는 그리스도인의 연합을 말하기를 '죽으심과 부활을 본받은 자'라고 말합니다. 사도는 우리가 그리스도와 함께 죽고 부활한 것이 아니라 그의 '죽으심과 부활을 본받은 자'라고 말합니다. 이렇게 말하는 것은 그리스도의 죽음과 우리의 죽음이 동일하지 않기 때문입니다. 우리는 그리스도의 죽음의 고통을 알 수 없습니다. 그의 십자가에서의 그 고통을 우리는 모릅니다. 그러므로 그리스도의 죽음과 우리의 죽음을 동일시 할 수 없습니다. 이에 대하여 로이드 존스 목사는 본받음의 의미가 "우리의 죽음과 그리스도의 죽음을 구별하기 위함"이라고 말합니다.

결국 본문에서 말하는 것은 그리스도의 죽음은 '실제적인 죽음'이지만 우리의 죽음은 '영적인 죽음'을 의미한다고 할 수 있습니다. 그리고 그리스도의 부활은 '실제적인 부활'이지만 우리의 부활은 '영적인' 것으로 4절에서 말하는 것처럼 새 생명의 삶을 사는 것을 의미합니다. 육체적인 의미에서의 죽음이 아니라 영적인 죽음입니다. 마틴 루터 역시 이 본문을 해석하기를 "육신의 죽음과 부활이 아니라 영적인 죽음과 부활을 말하고 있음을 보여주기 위하여 그리스도의 죽으심과 부활을 본받아"라고 말하는 것으로 보았습니다. 그러나 앞서서 언급하였듯이 이것은 현재의 의미이자 마침내 영화롭게 될 미래의 이야기이기도 합니다.

이렇듯 우리는 그리스도와 함께 죽었고, 그리스도와 함께 살아났습니다. 이제 우리는 그리스도와 연합된 자입니다. 그러므로 더 이상 죽음의 세력이 우리를 넘볼 수 없습니다. 더 이상 죄의 세력이 우리를 통치하지 못합니다. 그리스도인은 은혜의 지배 아래 있습니다. 죄의 지배 아래에서 은혜의 지배 아래로 돌아온 것입니다. 죄가 가지고 있는 그 추악함이 그리스도인을 결코 넘보지 못합니다. 그리스도인은 그리스도를 본받아 죄에 대하여 죽었고 그리스도를 본받아 살아났기 때문입니다.

"그의 죽으심은 죄에 대하여 단번에 죽으심이요 그의 살으심은 하나님께 대하여 살으심이니이와 같이 너희도 너희 자신을 죄에 대하여는 죽은 자요 그리스도 예수 안에서 하나님을 대하여는 산 자로 여길지어다"(롬6:10-11)

예수님은 죄에 대하여 죽으셨습니다. 그리고 하나님에 대하여 사셨습니다. 그리스도와 연합된 우리도 동일합니다. 죄에 대하여 죽었습니다. 그리고 하나님에 대하여 살아난 자들입니다. 이것이 바로 우리의 모습입니다. 우리는 그리스도와 연합됨으로 죄책에서 벗어났으며 죄의 지배로부터 자유하게 되었습니다. 예수 믿음의 영광이 바로 여기에 있습니다. 예수 믿음의 기쁨이 바로 이것입니다.

그리스도와 연합된 그리스도인은 이제 죄의 지배가 아니라 은혜의 지배 아래 있는 자들입니다. 이것이 우리의 정체성입니다. 그렇다면 우리는 은혜의 지배 아래 있는 자답게 자신 있게 살아야 합니다. 우리의 존재가 이렇게 변화되었는데 우리가 주눅 들어 살 이유가 없습니다. 은혜의 지배를 받는 자로서 당당하게 살아갈 수 있어야 합니다. 은혜의 지배 아래 있는 자는 성령의 능력을 늘 공급받습니다. 우리가 성령의 능력을 공급받을 수 있는 것은 우리가 그리스도와 연합된 자이기 때문입니다. 이 사실을 항상 기억한다면 우리의 삶은 항상 풍성할 것입니다.

둘째, 그리스도인은 옛 사람이 예수와 함께 십자가에 못 박혀 죽은 사람입니다. 그리스도인은 더 이상 옛 사람이 아닙니다. 그리스도인에게 있어서 옛 사람은 없습니다. 이미 죽었기 때문입니다. 이것이 우리의 모습입니다.

옛 사람

그렇다면 '옛 사람'은 어떤 존재입니까? 이에 대한 많은 해석
이 존재하기에 정확하게 알아야 합니다. 왜냐하면 사람들은 예수
믿고 난 뒤에도 여전히 죄를 짓고 있는 자신의 모습을 보면서 아
무 생각 없이 옛 사람이라고 말하기 때문입니다. 만약 이렇게 생
각하면 우리의 옛 사람은 아직도 살아있는 것이고, 옛 사람이 살
아있는 한 새 사람은 존재할 수 없게 되고, 마침내 구원에 대한
심각한 의심이 찾아옵니다. 그러므로 옛 사람에 대하여 바르게
알고 있는 것이 필요합니다. 성경은 십자가에서 우리의 옛 사람
이 죽었다고 말합니다.

6절에 '우리가 알거니와 우리 옛 사람이 예수와 함께 십자
가에 못 박힌 것은'이라고 나온 말씀에서 '못 박힌 것'은 지금
못 박히고 있다는 것을 의미하지는 않습니다. 이것은 부정과
거로서 이미 과거에 못 박힌 것을 말합니다. 이미 끝난 사건
입니다. 다시 반복 될 사건이 아닙니다. 예수님이 십자가에서
죽으실 때 우리의 옛 사람도 이미 못 박힌 것입니다. 그러므로
다시금 옛 사람 때문에 염려할 필요가 없습니다. 우리가 예수
님을 믿을 때 우리의 옛 사람은 이미 십자가에서 죽었습니다.

그렇다면 '옛 사람'은 누구를 의미합니까? 여기에 다양한 해석이 있습니다. 저는 이것이 아담 안에 있던 우리의 옛자아를 의미 한다고 생각합니다. 죄의 지배를 받았던 우리의 옛 자아입니다. 존 스토트는 이것이 아담 안에 있던 우리의 모습으로 회심 이전의 우리의 상태, 우리의 모든 것이라고 하였습니다. 아담 안에서 죄악 가운데 있던 우리의 모습입니다. 하나님의 정죄아래 있던 우리의 모습입니다. 이것이 바로 옛 사람입니다. 그런데 이 옛 사람이 그리스도와 함께 십자가에서 못 박혀 죽었습니다.

　　이것이 무엇을 의미하는지 아시겠습니까? 이제 새 사람이 된 우리는 더 이상 옛 사람을 죽여야 한다는 말을 해서는 안 되는 것입니다. 이미 옛 사람은 그리스도의 십자가에서 죽었기 때문입니다. 그러므로 그리스도인은 십자가에서 옛 사람을 죽이고 새 생명을 입은 자입니다. 새 생명을 입은 자는 옛 사람을 죽이는 일을 하는 자가 아닙니다. 새 생명의 삶을 사는 자입니다. 그러므로 바울이 갈2:20절에서 이렇게 고백하는 것입니다.

　　"내가 그리스도와 함께 십자가에 못 박혔나니 그런즉 이제는 내가 산 것이 아니요 오직 내 안에 그리스도께서 사신 것이라 이제 내가 육체 가운데 사는 것은 나를 사랑하사 나를 위하여 자기 몸을 버

리신 하나님의 아들을 믿는 믿음 안에서 사는 것이라" (갈2:20)

　이제 우리의 옛 사람은 십자가에서 죽었습니다. 우리가 그리스도인이라면 더 이상 우리에게 옛 사람은 없습니다. 우리가 사는 것은 우리 안에 이루어진 사실을 믿음으로 받아들이고 사는 것입니다. 이것이 바로 그리스도인입니다. 그리스도인은 십자가에서 이루어진 은혜의 사건을 믿는 자입니다. 우리의 옛 사람을 죽이신 그리스도를 믿는 믿음으로 사는 존재입니다. 이것이 우리의 신앙을 흔들리지 않게 합니다. 비록 우리가 죄를 지어도 우리의 옛 사람이 살아나는 것이 아닙니다. 이미 옛 사람은 죽었습니다. 우리의 구원은 흔들리지 않습니다. 예수 안에서 옛 사람이 죽었는데 우리가 죄를 지었다고 옛 사람이 살아난다면 예수님의 십자가는 실패이고 우리의 구원은 수포로 돌아갑니다. 그러나 예수님의 십자가의 은혜는 그렇게 가벼운 것이 아닙니다. 예수님의 십자가의 죽으심으로 이 사실을 믿는 자들은 구원 받은 자가 되었습니다. 이러한 확고한 믿음 위에 서 있어야 합니다. 이 확신이 구원의 기쁨을 충만하게 누리게 합니다.

셋째, 그리스도인은 참된 자유자입니다.
　이제 좀 더 나아가서 옛 사람이 그리스도와 함께 십자가에 못 박힌 궁극적 이유에 대하여 살펴보고자 합니다. 옛 사람이 그리스도와 함께 십자가에 못 박힌 자에게 나타나는 것은 바로 참된 자유자의 모습입니다. 죄의 지배 아래 있던 자에서 은혜의 지배 아래 있는 자로 변화된 성도에게는 참된 자유가 선물로 주어집니다. 이것이 바로 "진리를 알지니 진리가 너희를 자유케 하리라"는 말씀의 본질입니다. 그런데 이 자유에 함께 나타나는 세 가지 모습이 있습니다.

자유자의 세가지 모습

그 첫 번째는 죄의 몸을 멸하는 것입니다. 바울이 본문에서 죄의 몸을 멸한다고 하는 것을 바르게 이해해야 합니다. 죄의 몸은 옛 사람과 전혀 관계없습니다. 죄의 몸은 실제적인 우리의 육신 즉, 죄의 지배를 받고 있는 우리의 육신을 말합니다. 죄 문제는 추상적인 것이 아닙니다. 우리의 현실에서 나타나는 문제입니다. 그러므로 바울은 죄의 몸을 멸할 것을 말씀합니다. 본문에 대하여 프란시스 쉐퍼 목사는 "바울이 죄의 몸이라고 표현하고 있는 이유는 자신이 말하고 있는 바가 단지 신비적으로, 추상적인, 즉 관념의 세계에 있는 무엇에 관한 것이 아니라, 우리가 잘 알고 있는 시간과 공간적인 역사적 실체에 대한 것이라는 점을 주지시키기 위함이다"고 했습니다. 저는 이 말에 적극적으로 동의합니다. 죄의 문제는 단지 영적인 영역에 한정된 것이 아닙니다. 우리가 살고 있는 이 현실에서 이루어지는 실체입니다. 그러므로 이 실체를 제거해야 합니다. 바울은 계속하여 몸을 언급합니다. 대부분 실체적인 몸을 말하고 있습니다(6:12, 19, 7:16, 18, 20, 8:10, 12, 13). 우리의 옛 사람이 그리스도의 십자가에서 죽었지만 여전히 우리는 육신을 가지고 있습니다. 이 육신은 죄의 유혹을 받을 수 있습니다. 로이드 존스 목사 역시 이 말에 대하여 말하기를 "죄의 몸이라는 말의 의미는 그 죄가 여전히 왕 노릇하며 다스리지만 내 안에서 나를 지배하지는 않고 단지 나의 몸을 지배하려는 경향이 있다는 것"이라 하였습니다.

옛 사람은 죽었으나 여전히 우리의 몸에 죄가 기생하고 있습니다. 그러므로 우리가 감당할 일은 이 죄를 죽이는 일입니다. 죄를 죽이는 것이 완전한 구원에 이르는 것입니다. 몸의 구속이 온전히 이루어질 때 우리의 구원은 완성되어 집니다. 그러므로 우리가 이 땅에서 힘써야 할 일은 바로 몸의 죄를 죽이는 일입니다. 바울은 골로새에 보내는 서신에서 땅의 지체 즉 죄의 몸을 죽일 것을 촉구합니다. "그러므로 땅에 있는 지체를 죽이라 곧 음란과 부정과 사욕과 악한 정욕과 탐심이니 탐심은 우상 숭배니라"(골3:5) 이것은 우리로 하여금 거룩한 구원을 의심하게 만드는 일입니다. 그리고 이 땅에서 하나님의 구원을 만끽하지 못하게 하는 것들입니다. 그러므로 우리가 최선을 다하여 이러한 죄악을 죽여야 합니다. 이것이 우리가 할 일입니다. 우리의 옛 사람이 그리스도의 십자가에서 죽었다면 이제 우리는 우리 몸에 남아있는 죄를 죽이는 일에 열심을 다하여야 합니다. 이 일은 우리에게 맡겨졌습니다. 우리가 최선을 다하여 감당해야 할 일입니다. 우리 몸에 있는 죄를 죽이는 일에 열심을 내는 것이 바로 구원 받은 그리스도인의 참된 모습입니다.

둘째는 '죄에게 종노릇하지 않습니다.' 이 역시 옛 사람이 그리스도와 함께 십자가에서 죽은 사람에게 나타나는 실제입니다. 다시 말하면 그리스도인은 죄에게 종노릇하는 자가 아닙니다. 아니 그렇게 될 수 가 없습니다. 하지만 우리의 육신에는 죄가 머물 수 있습니다. 그리고 우리의 몸을 죄의 종으로 살게 하기도 합니다. 이것이 우리의 현실입니다. 그렇더라도 기억해야 할 것은 우리의 구원이 상실되는 것은 아닙니다. 하지만 죄에게 종노릇하면 구원을 상실한 자와 같은 삶을 살아갑니다.

바울은 12-13절에서 그리스도인의 삶은 죄의 노예가 아니라 의의 병기로 하나님께 드려져야 함을 강조합니다.

"그러므로 너희는 죄로 너희 죽을 몸에 왕 노릇 하지 못하게 하여 몸의 사욕을 순종치 말고 또한 너희 지체를 불의의 병기로 죄에게 드리지 말고 오직 너희 자신을 죽은 자 가운데서 다시 산 자같이 하나님께 드리며 너의 지체를 의의 병기로 하나님께 드리라"

(롬6:12-13)

이것이 우리가 감당해야 할 삶입니다. 죄가 우리 몸에 왕 노릇하게 해서는 안 됩니다. 이 말씀을 보면 우리가 이 땅에 사는 동안 죄로 인하여 끊임없이 괴롭힘을 당할 것을 알 수 있습니다. 육신을 가지고 있는 한 우리는 죄와 끊임없는 싸움을 하여야 합니다. 그렇다고 죄가 우리의 새 생명을 지배할 수 없습니다. 하지만 우리의 몸을 지배하려고 합니다. 그래서 하나님을 배신하게 만들려고 합니다. 이것이 사단이 날마다 우리에게 하는 일입니다.

우리의 지체가 죄의 종이 되어서는 안 됩니다. 몸의 욕심을 따라 살아서도 안 됩니다. 그러한 일들이 얼마나 많습니까? 우리의 몸은 우리로 하여금 죄의 자리에 있기를 권유합니다. 하지만 이러한 유혹에서 이겨야 합니다. 동시에 우리의 지체를 불의의 병기로 죄를 위하여 사용해서는 안 됩니다. 이 말씀은 그리스도인 된 우리에게 주는 말씀입니다. 이미 세상은 자신의 지체를 불의의 병기로 죄에게 드리는데 열심을 내고 있습니다.

그러기에 우리는 계속하여 싸워야 합니다. 죄가 우리의 몸에 왕 노릇하지 못하도록 하여야 합니다. 이것이 새 생명을 가진 자의 책임입니다. 우리가 이렇게 하는 것은 우리 몸을 주신 하나님의 영광 때문입니다. 바울은 우리가 먹든지 마시든지 무엇을 하든지 다 하나님의 영광을 위하여 할 것을 강조합니다. 우리의 몸은 우리의 것이 아닙니다. 마침내 거룩하게 될 것입니다. 그러므로 이 땅에서 육체를 맡은 청지기로서 의의 병기로 하나님께 드리는 자가 되어야 합니다. 바로 여기에 옛 사람이 그리스도의 십자가에서 죽은 영광이 있습니다.

그리스도인은 적극적으로 은혜의 지배 아래 있으려고 노력하는 사람입니다. 더욱 기도하고, 더욱 성령을 의지합니다. 이 것만이 우리로 하여금 의의 자리에 서게 합니다. 이러한 모습이 구원받는 성도의 자세입니다.

세 번째는 '죄로부터 자유자로 사는 것'입니다. 이제 마지막에 이르렀습니다. 옛 사람이 그리스도와 함께 십자가에 못 박힌 자에게 나타나는 것은 바로 참된 자유자의 모습입니다. 7절은 이 사실을 아주 분명하게 보여줍니다. "이는 죽은 자가 죄에서 벗어나 의롭다 하심을 얻었음이니라" 십자가에서 옛 사람이 죽은 자에게 주어지는 것은 참된 자유입니다. 여기서 의롭게 되었다는 것에 대한 다양한 해석이 있습니다. 그 중에 하나는 '칭의'를 뜻한다는 것입니다. 그리고 두 번째는 '자유'를 뜻한다는 해석입니다. 저는 칼빈을 비롯한 대부분의 학자들과 설교자들이 채택하고 있듯이 '자유'로 해석하는 것에 동의합니다. 그것은 6절의 연속에서 볼 때 죄에서 벗어나는 것은 '칭의'로 보기보다는 '자유'로 보는 것이 자연스럽기 때문입니다.

그리스도인은 죄의 지배에 허덕이는 자가 아니라 죄에서 '자유'한 자입니다. 이것이 그리스도인의 행복입니다. 우리는 더 이상 죄에 얽매이고, 죄에게 주눅 들 필요가 없습니다. 우리는 이미 죄에 대하여 죽은 자이기 때문입니다. 비록 우리가 신앙의 여정가운데 죄를 범한다 할지라도 그것이 우리로 하여금 구원의 자리에서 떨어지게 하지 않습니다. 우리는 죄의 심판에서 자유자가 되었기 때문입니다. 우리가 받아야 할 모든 심판을 예수님께서 십자가에서 다 받으셨습니다. 예수님께서 우리의 죄 값을 다 치르셨기에 우리는 죄에 대하여 두려워 할 이유가 없습니다. 우리는 자유자가 되었습니다. 천국을 유업으로 받은 자유자가 되었습니다. 이제 우리가 할 일은 우리의 몸이 구속 받을 그 날을 기다리는 일입니다. 우리는 자유자로서 자신 있게 죄와 싸울 수 있습니다. 성령이 우리와 함께 하십니다. 성령께서 자유자인 우리와 함께 죄를 대적하여 싸울 수 있도록 능력을 주십니다.

우리는 십자가에서 이루어진 놀라운 일을 보았습니다. 우리의 옛 사람은 죽었습니다. 더 이상 죄의 세력이 우리의 구원을 무너뜨릴 수 없습니다. 혹시 영적인 침체가 오더라도 우리의 구원을 의심할 필요가 없습니다. 그리스도께서 모든 것을 이기셨기 때문입니다. 우리의 구원은 안전합니다. 이제 우리는 자유자로 하나님의 영광을 위하여 사는 자가 되었습니다. 더 이상 죄의 지배 아래 있지 않고 은혜의 지배 아래에 있습니다. 이것이 우리의 실재입니다.

하지만 여기에서 머물 수 없습니다. 구원받은 백성은 적극적으로 죄와 싸워야 합니다. 육체의 정욕을 이겨야 합니다. 우리의 지체를 의의 병기로 하나님께 드려야 합니다. 하나님의 영광을 위하여 우리의 모든 것을 감당해야 합니다. 우리가 축복받기 위해서가 아닙니다. 우리는 이미 복을 받은 사람입니다. 영원한 나라에 우리의 집은 마련되어 있습니다. 그러나 우리는 아직 육신을 가지고 이 땅에 있습니다. 이 땅에서 하나님의 영광을 나타내는 것이 우리의 목적입니다. 이것이 바로 십자가 신앙입니다. 하나님의 이름을 높이고, 하나님의 은혜를 나타내는 것이 우리가 이 땅에서 할 일입니다. 죄의 세력은 계속해서 우리의 육신을 지배하고 하나님을 멸시하려고 할

것입니다. 실제로 이 땅에서 일어나는 일입니다. 그러나 우리
가 그리스도와 함께 연합된 자라면, 우리는 적극적으로 그리
스도의 나라와 의를 위하여 살아야 합니다. 좀 더 실제적인 실
천이 있어야 합니다. 하나님의 영광을 위한 것이 무엇인지 찾
아보아야 합니다.

우리가 감당해야 할 십자가 신앙은 은혜의 지배 아래서 하
나님의 영광을 위하여 살아가는 삶입니다. 장차 우리 가운데
완성될 그 나라를 바라보면서 오늘 맡은바 소명을 감당하는
신앙입니다. 이 일을 위하여 하나님이 우리를 부르셨습니다.

그리스도처럼 살고자 하는 자

마16:24-26

이에 예수께서 제자들에게 이르시되 아무든지 나를 따라 오려거든 자기를 부인하고 자기 십자가를 지고 나를 좇을 것이니라 누구든지 제 목숨을 구 원코자 하면 잃을 것이요 누구든지 나를 위하여 제 목숨을 잃으면 찾으리 라 사람이 만일 온 천하를 얻고도 제 목숨을 잃으면 무엇이 유익하리요 사 람이 무엇을 주고 제 목숨을 바꾸겠느냐 인자가 아버지의 영광으로 그 천 사들과 함께 오리니 그 때에 각 사람의 행한 대로 갚으리라 진실로 너희에 게 이르노니 여기 섰는 사람 중에 죽기 전에 인자가 그 왕권을 가지고 오는 것을 볼 자들도 있느니라

그리스도인의 실제적인 삶

우리는 어려운 일을 당할 때면 가끔 '왜 하필 이런 일이 나에게 생기는 걸까? 왜 나만 고생하며 교회에서 봉사해야 할까?' 하는 생각들을 하곤 합니다. 그럴 때 마다 짜증나고 귀찮고 도망가고 싶습니다. 아마 교회 생활을 조금만 열심히 한 사람이라면 이러한 위기에 봉착 한 적이 한 두 번은 있을 것입니

다. 물론 교회 생활만이 아닙니다. 직장 생활도 그렇습니다. 열심히 하면 일이 몰리고 그러다 보면 지치고 탈진합니다. 그래서 때때로 요령 있게 살아야 하는데 바보처럼 산다는 생각이 들기도 합니다.

그럴 때 여러분은 어떻습니까? 속이 많이 상하지요? 바보가 되는 것이 싫지요? 그런데 한국의 슈바이쳐라고 불리는 장기려 박사는 말합니다. 그리스도인이 바보라는 말을 들었으면 잘 살고 있는 것이라고, 바보로 사는 것이 얼마나 힘든 세상인데 그렇게 살고 있으니 하나님 보시기에 잘 살고 있다고 말합니다. 세상에서는 바보가 될지 모르지만 하나님 보시기에 가장 잘 살고 있는 것입니다. 우리가 이 사실을 안다면 우리의 삶이 조금은 달라질 수 있습니다.

바보는 남들이 가기 싫어하는 길을 가는 사람입니다. 남들이 하기 싫어하는 것을 도맡아 합니다. 그러니 바보입니다. 그런데 이러한 바보의 삶을 누구보다도 앞장서서 살았던 분이 바로 우리 예수님이라면 어떻게 하시겠습니까?

본문 말씀은 그리스도인의의 실제적인 삶을 이야기합니다. 정말 예수님을 믿고, 바르게 따르기를 원한다면 말씀을 통하여 우리에게 증거 하는 예수님의 가르침을 귀담아 들어야 합니다. 예수님은 십자가 신앙을 소유한 사람이라면 반드시 감당해야 할 일이 있음을 말씀하십니다. 오늘 말씀도 동일하게 예수 믿는 우리들에게 주신 말씀입니다. 본문은 '예수 믿는 사람이란 어떤 사람인가?' '무엇을 추구하며 살아가는 사람인가?' 와 같은 쉽지 않은 질문이라도 정직하게 질문한다면 우리에게 정직한 답을 줄 것입니다.

우선 본문으로 들어가기 전에 말씀의 전후를 생각하고자 합니다. 16장 초반은 예수님께서 제자들에게 자신에 대하여 어떻게 생각하는지 확인하고 자신의 교회를 세울 것을 명령하십니다. 예수님은 제자들에게 교회를 세울 것을 말씀하신 후에 자신이 받을 고난을 알려주었습니다. 그러자 베드로가 나서서 예수님의 고난을 막는 것입니다. 이러한 베드로에게 예수님은 상상할 수 없는 말씀을 합니다.

"예수께서 돌이키시며 베드로에게 이르시되 사단아 내 뒤로 물러가라 너는 나를 넘어지게 하는 자로다 네가 하나님의 일을 생각지 아니하고 도리어 사람의 일을 생각하는도다 하시고"(마16:23)

베드로는 칭찬을 받을 줄 알았을 것입니다. 아니면 위로를 받을 줄 생각하였을 것입니다. 하지만 예수님은 예상외의 말씀을 하십니다. 사랑하는 제자에게 '사단'이라고 한 것입니다. 그러면서 '나를 넘어지게 하는 자'라고 책망하십니다. 예수님은 비록 제자라 할지라도 하나님의 일을 막는 자는 사단과 같음을 지적하신 것입니다. 베드로의 문제는 하나님의 일을 생각하지 않고 사람의 일을 생각한 것입니다. 사실 베드로가 기대했던 일은 모든 제자들이 마음속에 있던 일입니다. 예수님을 중심으로 정치 세력화 하여 이스라엘을 통치하는 꿈입니다. 그러나 예수님의 일은 이스라엘을 통치하는 일이 아니라 세상을 구원하는 일이었습니다.

하나님의 일은 보이지 않습니다. 그러나 사람의 일은 보입니다. 무엇이 더 쉬운 일이겠습니까? 두말 할 필요가 없습니다. 하지만 사람의 일을 위해 하나님의 일을 막는 자는 사단과 같습니다. 이것이 제자들을 향한 예수님의 꾸중이었습니다. 그리고 17장 초반은 예수님께서 제자 세 명과 함께 변화산에 올라가서 모세와 엘리야와 함께 있는 모습을 보여주십니다. 본문은 이러한 사건 사이에 위치하고 있습니다. 그러므로 이러한 문맥적 상황 가운데 본문을 통하여 말씀하시고자 하는 주님의 뜻을 살펴보아야 합니다.

자기 십자가

첫째 그리스도인은 자기 십자가를 지고 갑니다.

본문은 이렇게 시작합니다. '이에 예수께서 제자들에게 이르시되'. '이에'는 '그 때에'라는 의미입니다. 즉 베드로를 책망하신 때에 이어서 제자들에게 하신 말씀입니다. 그 말씀의 핵심은 '내 제자가 되려면 자기 십자가를 지고 따르라'는 것입니다. 이것은 제자들에게 엄청난 도전이었고, 결단을 촉구하는 것이었습니다.

제자들은 '십자가'가 무엇을 의미하는지 잘 알고 있었습니다. 십자가는 저주의 상징입니다. 즉, 죽음의 상징입니다. 그런데 그런 십자가를 지라는 것입니다. 다시 말하면 제자는 목숨을 내놓고 따르는 자임을 상기시키는 말씀입니다. 지금 제자들은 권력의 한 자리를 차지하려는 마음이 가득 차 있는데 죽음을 이야기하니 기가 막힐 일 아니겠습니까? 모든 것을 버리고 지금까지 따라왔는데 이게 무슨 날벼락입니까? 여기까지 오기 위해 많은 헌신을 하였는데 얻을 것이 없다고 하니 얼마나 허탈하겠습니까? 더구나 처음보다 예수님의 인기는 전국에 퍼져있었고 전략을 짜서 조직을 가동하기만 하면 권력을 손에 넣을 수 있는 기회가 왔는데 십자가를 지라니 얼마나 난감하고 실망스럽겠습니까? 하지만 예수님은 분명한 어조로 말씀합니다.

"아무든지 나를 따라 오려거든 자기를 부인하고 자기 십자가를 지고 나를 좇을 것이니라" (마16:24)

예수님은 제자가 되려는 이들에게 한 치의 양보도 없이 단호하게 말씀합니다. 예수님은 하나님의 일을 하는 제자에게 있어야 할 세 가지 모습을 요구합니다.

첫째는 자기 십자가를 아는 지식입니다. 예수님은 자기 십자가를 지라고 말씀합니다. 이 말씀을 보면 예수의 제자에게는 각자의 십자가가 있음을 알 수 있습니다. 그 십자가가 어떤 것인지는 모릅니다. 다만 모든 예수의 사람들에게는 자신의 십자가가 있습니다. 때로는 자신만 십자가를 지고 있는 것 같이 느낄 수 있지만 그렇지 않습니다. 모두에게 자신의 십자가가 있습니다. 제자는 자기 십자가가 있음을 아는 자입니다. 그러므로 자신이 짊어져야 할 십자가가 있다면 그는 예수님의 제자임이 분명합니다.

우리가 이 사실을 안다면 십자가를 회피하거나 괴로워할 필요가 없습니다. 오히려 적극적으로 그리고 담대하게 이 십자가를 사랑해야 합니다. 왜냐하면 내가 예수님의 제자가 되었다는 흔적이기 때문입니다. 그러므로 바울은 자신이 짊어질 십자가를 부끄러워하지 않았습니다.

"이 후로는 누구든지 나를 괴롭게 말라 내가 내 몸에 예수의 흔적을 가졌노라"(갈6:17)

십자가의 흔적이 있는 것이 기쁨이 되기를 바랍니다. 세상은 이러한 흔적을 좋아하지 않습니다. 화려한 이력과 학력과 경력을 자랑합니다. 하지만 그리스도의 사람들은 자기 십자가를 자랑합니다. 비록 그것이 힘들고 보잘것없어 보여도 감사하며 사랑합니다.

둘째는 자기를 부인하는 자세입니다. 예수의 제자는 자기 부정의 사람입니다. 여기서 자기를 부인하는 것은 죄의 몸을 부정하는 것입니다. 우리의 육신은 끊임없이 자신을 보존하려고 합니다. 사도 요한은 육신의 모습이 무엇인지 정확하게 증거하였습니다.

"이는 세상에 있는 모든 것이 육신의 정욕과 안목의 정욕과 이생의 자랑이니 다 아버지께로 좇아 온 것이 아니요 세상으로 좇아 온 것이라"(요일2:16)

세상의 것은 우리에게 있어서 생명과도 같습니다. 얼마나 많은 사람들이 육신의 정욕과 안목의 정욕과 이생의 자랑을 목표로 하여 살고 있습니까? 이러한 것이 무너진다면 삶의 재미가 있겠습니까? 그런데 예수님은 살아가는데 소중하고 생명과도 같은 이러한 것들을 부정하라고 말씀합니다. 이것을 부정하지 않고서 그리스도의 제자로 살 수 없음을 예수님은 알고 있었습니다. 그러므로 결단을 요구합니다. 여기에 제자로 사는 삶이 시작됩니다.

우리의 육신은 끊임없는 욕구불만에 싸여 있습니다. 그래서 욕구를 충족하기 위해 땅의 것들을 추구합니다. 또한 세상은 이것을 끊임없이 추구하도록 온갖 것으로 유혹합니다. 제자는 이것을 부정해야 합니다. 세상을 즐길 수 있는 것을 버려야 합니다. 그리고 하늘 아버지의 뜻을 따라야 합니다. 때때로 바보로 놀림 받을 수 있습니다. 하지만 이것이 그리스도의 제자로 사는 삶입니다. 이렇게 자기를 부인할 때 하나님이 주시는 숨겨진 평안을 누릴 수 있습니다.

자기를 부인하는 것은 결코 쉽지 않습니다. 타락한 본성을 거슬러 의의 삶을 사는 것은 쉬운 말이 아닙니다. 그럼에도 불구하고 자기를 부인하라는 것입니다. 그리스도의 제자됨의 시작은 자기를 부인하는 것에 있습니다.

셋째는 그리스도의 제자는 자기 십자가를 지고 따릅니다. 십자가를 지고 따르는 것은 예수를 따르는 제자의 적극적인 삶입니다. 자기 십자가를 가진 사람은 십자가를 자랑만 하는 자가 아닙니다. 힘들지만 그 십자가를 지고 가는 사람입니다. 십자가를 지고 따르는 것은 그리스도를 진심으로 사랑하는 것과 그리스도를 위한 온전한 헌신을 의미합니다. 사랑과 헌신이 바로 십자가를 지고 따르는 삶입니다.

그러므로 예수님을 믿고 따르는 것은 세상에서 다가오는 매일의 영적인 싸움이 있음을 의미합니다. 세상은 어떻게 해서라도 우리를 십자가에서 멀어지게 합니다. 그것은 십자가에서 멀어지면 영광의 나라에서 멀어지기 때문입니다. J.C 라일 주교는 그리스도의 삶은 투쟁의 연속이라 말합니다. "우리의 육신은 날마다 십자가에 못 박혀야 하고 날마다 마귀를 대적해야만 한다. 세상을 이겨내야만 한다. 이 세상에는 투쟁과 싸움이 있을 뿐이다."

우리의 삶은 투쟁과 싸움의 연속입니다. 하지만 이 싸움의 끝은 영광입니다. 그러므로 지금 힘들고 어렵다고 자기 십자가를 포기해서는 안 됩니다. 자기 십자가는 영광을 주시기 위한 하나님의 배려입니다. 우리로 하여금 하늘의 영광을 보게 하기 위함입니다. 자신을 죽이고, 세상의 영광을 포기하는 것은 결코 쉽지 않습니다. 하지만 그 영광은 찬란합니다. 이 사실을 잊어버린다면 우리의 영혼은 초라해질 것입니다.

영혼의 가치

둘째, 그리스도인은 영혼의 가치를 아는 사람입니다.

이제 두 번째로 본문이 주는 교훈을 살펴보고자 합니다. 예수의 사람들은 어떠한 사람일까요? 앞서서 우리는 자기 십자가를 가진 사람임을 보았습니다. 이제 두 번째로 살펴보고자 합니다. 그리스도인은 영혼의 가치를 아는 사람들입니다. 이것이 세상의 사람들과 다른 점입니다. 세상은 영혼의 가치에 관심이 없고 오직 보이는 것에만 관심이 있습니다. 하지만 그리스도인은 영혼의 가치에 관심이 있습니다.

주님은 자신을 따르는 제자들에게 말씀합니다. "누구든지 제 목숨을 구원코자 하면 잃을 것이요 누구든지 나를 위하여 제 목숨을 잃으면 찾으리라" 이 말씀을 잘 이해하셔야 합니다. 이것은 우리의 목숨이 가치 없다는 의미가 아닙니다. 우리의 모습은 여전히 소중합니다. 왜냐하면 하나님의 형상이기 때문입니다. 하지만 주님은 이 목숨이 존재하는 이유를 설명하십니다. 주님은 '나를 위하여'라고 말씀하십니다. 우리의 목숨이 의미 있는 것은 바로 '주님을 위하여' 존재할 때입니다. 우리가 하나님의 영광을 위해 존재할 때 참된 가치를 드러낼 수 있습니다.

하지만 세상은 자신을 위하여 살아갑니다. 자신의 만족과 자신의 기분과 자신의 즐거움을 위하여 살아갑니다. 그래서 우리 시대를 일컬어 "자아를 위한 시대"라고 말합니다. 엘버트 뮬러는 말하기를 우리 시대의 특징은 '자아실현, 자아 만족, 자기 정의, 자기 열중, 자기 초월, 자기 향상, 자기 안전'

151

이라고 합니다. 모든 것이 자신에게 집중 되었습니다. 이것은 자신이 살아있는 이 시간에 만족하는 것이 중요하다는 지극히 이기적이고, 개인적인 생각입니다. 그래서 신앙 생활도 자기만족과 자기 개발을 위해 하고 있습니다. 그러니 누가 십자가를 지겠습니까?

이에 대하여 주님의 말씀을 귀 담아 들어야 합니다. "누구든지 제 목숨을 구원코자 하면 잃을 것이요" 그렇습니다. 자기만족을 위하여 얼마든지 살 수 있습니다. 하지만 만족이 끝나고 난 뒤에 어떻게 하겠습니까? 사람들이 허전함 가운데 처하는 것은 자기 목숨만 구하다 참된 가치를 잃어버렸기 때문입니다.

우리가 자신을 부인하고 자기 십자가를 질 수 있는 것은 삶의 참된 가치를 알기 때문입니다. 우리가 이 땅에 존재하는 것은 단지 살아있는 육체를 위하여 사는 것이 아닙니다. 바울의 고백처럼 보이는 것은 잠깐이지만 보이지 않는 것은 영원하기 때문입니다. 영원한 가치가 있기에 그리스도를 위하여 자신을 죽이는 것입니다. 영원의 가치는 보이는 육신의 만족을 위하여 사는 자가 아니라 영혼의 영광을 위하여 사는 자입니다. 그러므로 지금의 만족이 아니라 영혼이 잘 됨을 더욱 기뻐합니다. 영적인 즐거움을 위하여 육적인 만족을 내려놓는 것이 그리스도인의 삶입니다.

주님은 말씀합니다. "누구든지 나를 위하여 제 목숨을 잃으면 찾으리라" 이것이 영광입니다. 우리의 육신이 다하는 날 우리는 영광의 몸을 입을 것입니다. 뿐만 아니라 이 땅이 주지 못하는 기쁨을 얻을 것입니다. 육신의 몸과 영적인 몸은 함께 할 수 없습니다. 우리는 둘 다 취할 수 없습니다. 하나를 취하면 하나는 포기해야 합니다. 교회사 가운데 수없이 많은 이들이 그리스도를 위하여 자기 목숨을 잃었으나 하나님의 영광을 얻었습니다. 그들은 이 땅의 것이 사라질 것임을 본 자들입니다. 그리고 영원히 있을 것을 알았던 사람들입니다.

영혼의 가치를 아는 사람들은 이 땅의 것으로 우상을 삼지 않습니다. 우리는 이 땅에 하나님의 일을 위하여 잠시 보냄 받은 순례자들입니다. 영원한 본향으로 돌아갈 사람들입니다. 그러므로 우리에게 필요한 것은 하나님의 나라입니다. 우리는 주님의 말씀을 반드시 기억해야 합니다. "사람이 만일 온 천하를 얻고도 제 목숨을 잃으면 무엇이 유익하리요 사람이 무엇을 주고 제 목숨을 바꾸겠느냐"

온 천하가 자신의 손에 있다고 외쳤던 수 많은 사람들이 지금 어디에 있습니까? 잠시 왔다 가는 인생들입니다. 아무리 대단한 일을 하였다 할지라도 그들이 그리스도와 연합되지 않았다면 그들은 영원한 지옥 가운데 살 수 밖에 없습니다. 그들이 누렸던 천하는 여전히 존재하지만 그들의 몸은 사라졌습니다. 그렇다면 그것이 무슨 의미가 있겠습니까? 예수의 사람들이 위대한 이유는 영혼의 가치를 알기 때문입니다. 그들은 그리스도께서 십자가에서 죽으시고 부활하신 그 놀라운 은혜가 무엇인지 알고 있습니다. 성경은 그리스도를 위하여 자신을 부인 한 자에게 영생의 축복이 있을 것임을 말씀합니다.

"금세에 있어 집과 형제와 자매와 모친과 자식과 전토를 백 배나 받되 핍박을 겸하여 받고 내세에 영생을 받지 못할 자가 없느니라"(막10:30)

이 땅에 사는 우리들은 여전히 죄의 몸을 가지고 있기에 수없이 많은 유혹을 받습니다. 그리고 그 유혹을 이기기 위하여 많은 고난을 겪습니다. 우리가 이 땅에서 그리스도를 위하여 받는 고난과 핍박이 힘든 것은 사실입니다. 때때로 지치고 탈진할 때도 있습니다. 하지만 그 영광은 반드시 빛날 것입니다. 보이는 것으로 만족하는 삶이 아니라 영혼의 소중함을 아는 자, 무엇이 진정한 가치인지를 아는 지혜가 있어야 합니다. 그리고 그 가치를 위하여 살 수 있는 결단이 우리에게 있어야 합니다.

재림을 준비하는 그리스도인

셋째, 그리스도인은 재림을 준비하는 사람입니다.

자기를 부인하고 자기 십자가를 지는 것은 분명 우리 시대의 유행과는 다르게 사는 삶입니다. 그래서 때때로 바보 취급을 받습니다. 마치 모두가 부동산 투기 하는 세상에서 정직하게 땀을 흘리며 저축하며 사는 사람과 같습니다. 모두가 부정직을 일삼는 가운데서 정직하게 살려고 몸부림치는 사람과 같습니다. 모두가 성공에 목매고 있는 세상에서 나눔의 삶을 사는 사람과 같습니다. 분명 바보 취급 받을 수 있습니다. 그러나 이것이 하나님이 기뻐하는 일이라면 기꺼이 자신을 부정할 수 있는 사람이 바로 그리스도인입니다. 바로 우리의 모습입니다.

이 땅에서 자신을 부정할 수 있는 것은 심은 대로 거두시는 날을 알기 때문입니다. 그리스도인은 마지막 날 주의 평가를 바라보고 살아갑니다. 그리스도인은 주의 재림을 준비하는 사람입니다. 이것은 대단히 중요한 가치입니다. 우리는 이 땅에서 살고 있습니다. 우리의 옛 사람은 이미 죽었지만 우리 죄의 몸은 끊임없이 우리를 미혹하고 있습니다. 그래서 마치 이 세상이 전부인양 우리를 이끌어 갑니다. 세상은 "천국이 있는지 없는지 어떻게 아느냐 죽어봐야 알지"라고 말합니다. 당장 보여 달라는 협박을 합니다. 그리고 악인들이 번성하는 것을 보면 정말 하나님이 존재하는 것인가 의심이 들기도 합니다. 이 모두가 이 땅에 사는 우리들이 감당해야 할 짐입니다.

그러나 주님은 제자 된 우리들에게 분명하게 말씀하십니다. "그 때에 각 사람의 행한 대로 갚으리라" 이것은 우리가 이 땅에서 어떠한 자세로 살아가야 하는지를 보여주는 말씀입니다. 우리 모두는 그 때에 각 사람의 행한 대로 갚아 주시는 주의 재림을 보게 될 것입니다.

"인자가 아버지의 영광으로 그 천사들과 함께 오리니 그 때에 각 사람의 행한 대로 갚으리라 진실로 너희에게 이르노니 여기 섰는 사람 중에 죽기 전에 인자가 그 왕권을 가지고 오는 것을 볼 자들도 있느니라" (마16:27-28)

주의 재림이 반드시 이루어 질 것입니다. 주님이 다시 오실 때 "각 사람의 행한 대로 갚으실 것입니다." 이 말씀은 이미 다니엘을 통하여 주어졌던 약속이었습니다.

"내가 또 밤 이상 중에 보았는데 인자 같은 이가 하늘 구름을 타고 와서 옛적부터 항상 계신 자에게 나아와 그 앞에 인도되매 그에게 권세와 영광과 나라를 주고 모든 백성과 나라들과 각 방언하는 자로 그를 섬기게 하였으니 그 권세는 영원한 권세라 옮기지 아니할 것이요 그 나라는 폐하지 아니할 것이니라"(단7:13-14)

이 말씀은 일차적으로 주님의 사역을 통하여 당대에 이루어졌고 마침내 재림의 날에 절정을 이룰 것 입니다. 예수님은 자신이 가지신 왕권을 통하여 각 사람의 행위를 심판하실 것입니다. 어느 누구도 이 심판을 피할 수 없습니다. 바울은 말합니다.

"하나님께서 각 사람에게 그 행한 대로 보응하시되 참고 선을 행하여 영광과 존귀와 썩지 아니함을 구하는 자에게는 영생으로 하시고 오직 당을 지어 진리를 좇지 아니하고 불의를 좇는 자에게는 노와 분으로 하시리라"(롬2:6-8)

우리 주님이 오시는 날 모든 것이 드러납니다. 그리고 우리가 수고하고 애쓴 것들이 인정 받습니다. 그러므로 십자가를 지고 이 땅의 삶이 힘들지만 인내해야 합니다. 우리가 이 땅에서 감당해야 하는 것은 우리에게 주어진 놀라운 약속 때문입니다. 히브리서 기자는 우리에게 인내할 것을 요청합니다. 그리고 믿음으로 이 길을 걸어 갈 것을 촉구합니다.

"너희에게 인내가 필요함은 너희가 하나님의 뜻을 행한 후에 약속을 받기 위함이라 잠시 잠깐 후면 오실 이가 오시리니 지체하지 아니하시리라 오직 나의 의인은 믿음으로 말미암아 살리라 또한 뒤로 물러가면 내 마음이 저를 기뻐하지 아니하리라 하셨느니라"(히 10:36-38)

그리스도인은 땅에 살지만 하늘을 바라보며 사는 사람입니다. 동시에 오늘을 살지만 완성의 날을 바라보며 사는 사람입니다. 이것이 우리의 현 주소입니다. 우리는 이미 이루어진 구원의 은혜를 가지고 있지만 여전히 육신을 가지고 있습니다. 이것이 우리의 모습입니다. 우리는 이 땅에서 완성의 날을 바라보며 살아갑니다. 그러므로 우리에게 필요한 것은 믿음으로 인내하며 사는 것입니다. 하나님의 약속이 반드시 이루어질 것을 확신하는 자로 살아갑니다. 때때로 피곤하고 지치기도 합니다. 세상에서 조롱을 받을 수 있습니다. 우리의 삶이 비교 당할 수 있습니다. 다양한 고난이 우리를 엄습할 수 있습니다. 아무도 몰라주는 아픔이 찾아 올 수 있습니다. 누구도 이해할 수 없을 것 같은 어려움이 있을 수 있습니다. 하지만 절망해서는 안 됩니다. 좀 더 인내하여야 합니다. 인내하는 자가 결실을 얻습니다.(눅8:15) 욥의 고백을 기억하시기 바랍니다.

"나의 가는 길을 오직 그가 아시나니 그가 나를 단련하신 후에

는 내가 정금같이 나오리라" (욥 23:10)

우리 모두 인내함으로 주의 오심을 준비하는 하나님의 사람들이 되어야 합니다. 바울의 고백처럼 우리를 위하여 의의 면류관이 예비 되었음을 바라보고(딤후4:8) 오늘을 담대하게 걸어 가야합니다.

우리는 앞서서 예수 믿는 사람이란 어떤 사람인가? 무엇을 추구하며 살아가는 사람인가? 에 대한 질문을 던졌습니다. 이 질문에 대한 답을 얻으셨습니까? 그리스도인은 예수님처럼 바보로 사는 사람들입니다. 우리 주님은 세상의 권세를 눈 앞에 두고 모든 것을 포기하고 고난과 저주의 십자가를 지셨습니다. 그리고 나를 따르려면 나와 같이 살아야 한다고 말씀하십니다. 이것이 영혼을 살리는 길이며, 영원한 영광을 누리는 길임을 말씀합니다. 그리스도인은 누구보다 영혼의 가치를 아는 사람이며, 영혼의 가치를 위하여 사는 사람입니다. 이것이 우리의 존재 이유입니다. 그리고 마지막 날 각자의 행위대로 갚으실 주님을 바라보면서 이 땅에서 십자가의 삶을 기꺼이 사는 자들입니다.

지금 조금 힘들고 어렵더라도 인내해야 합니다. 하나님은 당신의 자녀들을 결코 버리지 않습니다. 믿음으로 철저하게 몸의 사욕을 죽이려고 애써야 합니다. 십자가의 길에서 도망가지 마시고 이 길에 함께 갈 수 있기를 바랍니다. 하나님이 우리를 정금같이 나아오게 하십니다. 이 믿음이 우리에게 필요합니다. 자기 십자가는 부끄러움이 아닙니다. 자기 십자가는 저주도 아닙니다. 자기 십자가는 하나님의 사랑입니다. 이 십자가를 짊어 질 수 있는 결단이 우리 가운데 있어야 합니다.

그리스도 예수의 마음

빌2:5-11

너희 안에 이 마음을 품으라 곧 그리스도 예수의 마음이니 그는 근본 하나님의 본체시나 하나님과 동등됨을 취할 것으로 여기지 아니하시고 오히려 자기를 비어 종의 형체를 가져 사람들과 같이 되었고 사람의 모양으로 나타나셨으매 자기를 낮추시고 죽기까지 복종하셨으니 곧 십자가에 죽으심이라 이러므로 하나님이 그를 지극히 높여 모든 이름 위에 뛰어난 이름을 주사 하늘에 있는 자들과 땅에 있는 자들과 땅 아래 있는 자들로 모든 무릎을 예수의 이름에 꿇게 하시고 모든 입으로 예수 그리스도를 주라 시인하여 하나님 아버지께 영광을 돌리게 하셨느니라

주안에서 기뻐하라

우리가 신앙생활을 하면서 가장 소망하는 것이 있다면 예수님처럼 사는 삶일 것입니다. 이것이 얼마나 힘들고 어려운지 알지만 우리 마음 깊은 속에서는 예수님처럼 살고 싶다는 마음이 자리잡고 있습니다. 이런 소망을 품는 것은 반대로 우리의 삶에 부끄러움이 많음을 알기 때문입니다.

161

신앙생활은 독야청청 걸어가는 것이 아니라 주님의 길을 따르는 것입니다. 새로운 삶을 개척하는 것이 아니라 주님을 본 받아 사는 일입니다. 그러므로 바르게 신앙생활 하는 것은 묵묵히 주님이 가신 길을 따라 걸어가는 것입니다. 주님을 닮고 주님의 뜻을 알고 주님과 함께 사는 것입니다. 이것이 바로 신앙의 여정입니다. 이 길은 우리 주님께서 보여주셨고 첫 사도들이 걸어갔으며 믿음의 선진들이 한결 같이 따른 길이었습니다.

우리 주님이 보여주신 길은 하나님의 뜻을 따라 십자가를 지심이었습니다. 그리고 제자들에게 너희도 나를 따르려면 나와 같이 자기 십자가를 지고 따르라고 말씀합니다. 예수님처럼 사는 것은 자기 십자가를 회피하는 것이 아니라 자기 십자가를 감당하는 삶입니다. 이것이 십자가 신앙의 본질입니다. 그런데 이러한 십자가 신앙을 말할 때 '바울' 사도를 빼놓을 수 없습니다. 비록 가장 늦게 사도의 직분을 받았지만 누구보다 철저하게 자기 십자가를 지고 예수님을 따랐던 바울 사도는 참된 신앙의 여정을 어떻게 가야 할지를 알려줄 수 있는 적임자입니다.

오늘 우리가 읽고 나눌 말씀은 바울이 감옥 가운데서 쓴 서신입니다. 그런데 옥중서신이라 불리는 빌립보서는 놀랍게도 기쁨으로 가득 찬 서신입니다. 현실적으로 가장 힘든 가운데 있었던 바울이 가장 힘차게 증거하고 있는 것은 놀랍게도 '기쁨'입니다. 바울은 자신의 몸이 자유의 몸이 아니라 할지라도 자신의 영혼은 기쁨가운데 있다고 말하고 있습니다. 빌1:18, 25절에서 바울은 자신이 감옥에 있지만 자신으로 인하여 그리스도가 증거 되는 것을 기뻐한다고 말합니다. 그리고 2:17-18절은 바울의 더욱 적극적인 고백을 볼 수 있습니다. 자신이 제물이 된다 하더라도 기뻐할 것이라 말합니다. "만일 너희 믿음의 제물과 봉사 위에 내가 나를 관제로 드릴지라도 나는 기뻐하고 너희 무리와 함께 기뻐하리니 이와 같이 너희도 기뻐하고 나와 함께 기뻐하라" 이러한 바울은 3장의 서두에서 '빌립보 교인들에게 주 안에서 기뻐할 것'을 강조합니다(3:1). 그리고 4:4절은 이러한 바울의 기쁨이 절정에 이릅니다. "주 안에서 항상 기뻐하라 내가 다시 말하노니 기뻐하라"고 말합니다. 이 짧은 서신에 기쁨이 16번이나 나오고 있습니다. 주님과 함께하는 삶이 얼마나 충만하였으면 기뻐하라고 하겠습니까?

그런데 우리가 알고 있는 대로 바울은 감옥에 있는 상태입니다. 도저히 외적인 조건으로는 기뻐할 수 없습니다. 기뻐하는 것이 불가능합니다. 하지만 바울은 기뻐하고 있으며 오히려 자유의 몸을 가진 믿음의 형제들을 향하여 기뻐할 것을 권합니다. 우리는 이러한 바울의 모습을 보면서 질문을 던지지 않을 수 없습니다. 도대체 무엇이 바울로 하여금 이러한 기쁨을 갖게 하였을까? 바울에게 나타나는 그 기쁨의 근원은 무엇일까? 모든 조건이 힘들고 지치고 어려운 상황인데도 무엇이 바울로 하여금 기쁨을 가지게 하였을까? 우리와 다른 이유는 어디에 있는가? 이러한 질문을 통하여 바울 사도가 가지고 있는 기쁨의 이유를 살펴보고, 우리에게 주시는 답을 찾아보고자 합니다.

우리 역시 바울과 같이 기쁨이 있는 삶을 원합니다. 우리 가운데 누가 슬픔 가운데 신앙 생활하기를 원하겠습니까? 하지만 우리의 삶을 보면 기쁨은 잠시 같고 슬픔은 긴 것 같이 여겨질 때가 얼마나 많이 있습니까? 바울이 간직하였던 기쁨의 비밀이 무엇인지 함께 살펴봄으로 예수님처럼 바울처럼 살아가는 기쁨이 우리에게 있기를 소망합니다.

예수님의 마음

이제 본격적으로 본문의 가르침으로 들어가고자 합니다. 감옥에 있던 바울이 이렇게 기쁨을 말할 수 있는 이유는 무엇입니까? 우리는 바울이 전하는 말을 통하여 그 이유를 알 수 있습니다. 바울이 가지고 있었던 기쁨의 근원은 다름이 아닌 '예수님의 마음'입니다. 바울은 예수님의 마음을 소유하였습니다. 그리고 담대하게 다른 이들을 향하여 예수님의 마음을 품으라고 말씀합니다. '마음'에 대한 다른 번역은 '태도'라고 할 수 있습니다. 바울은 예수님의 마음 혹은 태도가 기쁨의 원인임을 증거 합니다. 누구든지 예수님의 마음을 가지고 있다면 어떠한 외적인 조건에서도 기뻐할 수 있음을 바울은 말하는 것입니다. 하지만 우리는 이러한 바울의 가르침 앞에 생각 해야 할 것이 있습니다.

첫째, 예수님의 마음 혹은 태도가 무엇인가? 둘째, 예수님의 마음을 갖는 것이 우리의 신앙에 기쁨이 되는 이유는 무엇인가? 셋째, 예수님의 마음을 가진 자가 힘써야 할 일은 무엇인가? 이러한 세 가지 질문을 통하여 십자가 신앙을 가지고 살아가는 우리의 자세를 살펴보고자 합니다.

겸손

첫째, 예수님의 마음 혹은 태도에 대하여 살펴보고자 합니다. 바울이 모진 고난 가운데서도 기뻐할 수 있었던 힘의 원천인 예수님의 마음은 무엇입니까? 바울은 예수님의 마음에 대해 6-8절을 통하여 증거하고 있습니다. 바울이 증거하고 있는 예수님의 마음은 '자신을 낮추심' 즉 '겸손'입니다. 이것이 바로 예수님의 마음입니다. 예수님은 하나님이십니다. 그런데 그 모든 하늘의 영광을 버리시고 사람의 몸을 입으시고 이 땅에 오셨습니다. 여전히 신분은 하나님이신데 사람이 되셨습니다. 여기에 예수님의 마음이 있습니다.

예수님의 겸손은 무엇입니까? 첫째, '하나님을 위하여 자기를 부인하심'입니다. 예수님이 누구입니까? '근본 하나님의 본체'입니다. 이 말은 예수님이 곧 하나님이라는 의미입니다. 그런데 그 하나님께서 하나님과 동등 됨을 취할 것으로 여기지 않았습니다. 여기에 엄청난 자기부인이 있습니다. 하나님이신데 하나님과 동등 됨을 받지 않았습니다. 다시 말하면 하나님으로서의 모든 권리를 포기하셨습니다. 그렇다고 오해하지 말아야 합니다. 이것은 예수님께서 신성을 포기한 것을 의미하지 않습니다. 하나님의 본체이신 분이 하나님과 동등됨을 취할 것을 잠깐 동안 여기지 않으시고, 인간의 몸을 입으신 것입니다. 하나님께서 스스로 자신을 낮추셨습니다. 여기에 예수님의 낮아지심이 있습니다. 얼마든지 자신의 능력을 나타낼수 있습니다. 그러나 그렇게 하지 않으셨습니다. 사람의 몸을 입으시고 스스로 고통을 겪으셨습니다. 고난의 길을 걸어갔습니다. 이것이 바로 자기부인의 모습입니다. 모든 것이 가능하지만 스스로 그렇게 하지 않으셨습니다.

예수님께서 제자들에게 자신을 따르려거든 자신을 부인하고 자기 십자가를 지라고 한 모델이 여기에 있습니다. 자기를 부인하심이 바로 예수님의 마음이었습니다. 바울은 이 마음을 알았습니다. 그러므로 그 역시 자신을 부인하였습니다. 자신이 가진 모든 것들을 하나님을 위하여 부인하였습니다.

"내가 팔 일 만에 할례를 받고 이스라엘의 족속이요 베냐민의 지파요 히브리인 중의 히브리인이요 율법으로는 바리새인이요 열심으로는 교회를 핍박하고 율법의 의로는 흠이 없는 자로라 그러나 무엇이든지 내게 유익하던 것을 내가 그리스도를 위하여 다 해로 여길 뿐더러 또한 모든 것을 해로 여김은 내 주 그리스도 예수를 아는 지식이 가장 고상함을 인함이라 내가 그를 위하여 모든 것을 잃어버리고 배설물로 여김은 그리스도를 얻고 그 안에서 발견되려 함이니 내가 가진 의는 율법에서 난 것이 아니요 오직 그리스도를 믿음으로 말미암은 것이니 곧 믿음으로 하나님께로서 난 의라"(빌3:5-9)

바울 역시 자신이 모든 권리를 그리스도를 위하여 포기하였습니다. 그리고 그리스도를 얻는 것을 만족하였습니다. 바울은 철저하게 예수님의 마음을 소유하였던 것입니다. 예수님의 마음은 자기 부인입니다. 자기를 부인할 때 하늘의 영광을 볼 수 있습니다. 자기를 부인할 때 하늘의 기쁨을 누릴 수 있습니다. 땅의 사욕이 우리를 지배하면 그 때부터 하늘의 영광은 보이지 않습니다. 땅의 기쁨이 만연되면 하늘의 기쁨은 결코 누릴 수 없습니다.

자기비움

더 나아가 예수의 겸손은 '자기 비움'입니다. 예수님은 자신을 비웠습니다. 하늘의 영광을 내려놓고 사람의 형체를 가졌습니다. 이것이 성육신의 비밀입니다. 하나님께서 사람의 몸을 입으셨습니다. 창조주가 피조물이 된 것입니다. 이것이 가능할 수 있습니까? 그런데 하나님께서 그 일을 하셨습니다. 하나님께서 자신을 비웠기 때문입니다. 칼빈은 이에 대하여 "그리스도는 자기의 영광을 축소시킨 것이 아니라 감추심으로 간직하셨다"고 하였습니다. 이제 하나님의 외면에서 보이는 것은 연약한 인간일 뿐입니다. 예수님께서 이러한 비움을 친히 감당하셨습니다. 이것이 예수님의 경이로움입니다. 이렇게 예수님이 낮아지셨다면 우리가 낮아지지 못 할 이유가 어디 있겠습니까?

사실 모든 것을 비운 사람이 제일 무서운 사람입니다. 더이상 버릴 것이 없는 사람은 이제 채울 것만 남았기 때문입니다. 이 사람은 작은 것이라도 감사하고 기뻐할 수 있는 사람입니다. 바울은 이 예수님의 마음을 가졌기에 그의 몸이 감옥에 있지만 잃을 것이 없었습니다. 그러므로 두려워 할 것이 없었습니다. 사람들은 바울이 복음을 전하다가 잡힌 것을 보고 온갖 소리를 하기 시작하였습니다. 어떤 이들은 투기와 분쟁으로 그리스도를 전하였습니다. 어떤 이들은 착한 마음으로 그리스도를 전하였습니다. 이 소리를 듣는 바울의 심정이 어떠하겠습니까? 속상하지 않을까요? 지금 내 상황이 이렇게 힘든데 싸움이나 하고 있으니 화가 날 수 있습니다. 그런데 바울은 그렇게 말하지 않습니다. 그는 매우 여유롭습니다. 그리고 오히려 기뻐합니다.

"그러면 무엇이뇨 외모로 하나 참으로 하나 무슨 방도로 하든지 전파되는 것은 그리스도니 이로써 내가 기뻐하고 또한 기뻐하리라"(엡1:18)

바울의 모습을 보시기 바랍니다. 지금 감옥에 갇혀서 모든 것을 빼앗긴 사람으로 보입니까? 전혀 그러한 모습이 없습니다. 너무나 자연스러운 모습을 가지고 있습니다. 모든 것을 비웠기 때문입니다.

자신을 비우지 못하는 사람들은 교회를 시끄럽게 합니다. 자신의 기득권을 가지려는 마음이 문제를 복잡하게 만들고 하나님을 영화롭게 하지 못하게 합니다. 하나님을 위하여 자기를 비운다면 사람들의 이전투구가 있겠습니까? 자신들의 기득권을 갖고자 하는 사악한 마음들이 또아리를 틀고 있습니다. 건강한 교회는 하나님 앞에 자신을 비우는 지체들이 모여 있는 공동체입니다. 자기를 비우고 오직 하나님의 영광을 나타내는 일에 열심을 낸다면 무슨 문제가 생기겠습니까?

우리 시대는 자신의 주머니를 점점 채우라고 유혹하는 시대입니다. 그러나 욕심은 우리의 주머니를 결코 채우지 못합니다. 오히려 우리가 가지고 있어야 할 것은 자기를 비우는 일입니다. 그런데 이 비움은 불교가 말하는 것처럼 무념무상의 상태가 된다는 것이 아닙니다. 이 비움은 그리스도로 채워지기 위한 비움입니다. 무념무상의 상태는 결코 성경의 가르침이 아닙니다. 예수님은 자신을 비우고 하나님의 뜻으로 채웠습니다. 바울은 자신을 비우고 복음으로 채웠습니다. 우리가 비워야 할 것은 세상의 가치입니다. 그리고 비운 우리의 마음에 그리스도로 채우는 것입니다. 이것이 바로 예수님의 마음입니다.

온전한 순종

마지막으로 예수님의 마음은 '하나님의 뜻에 대한 온전한 순종'입니다. 예수님은 성육신 하심으로 끝나지 않았습니다.

성육신 하신 하나님의 뜻을 위하여 그는 끝까지 순종하였습니다. 바울은 이러한 예수님을 증거합니다. "사람의 모양으로 나타나셨으매 자기를 낮추시고 죽기까지 복종하셨으니 곧 십자가에 죽으심이라"(8) 예수님은 철저히 자기를 낮추셨습니다. 하나님의 뜻을 나타내기 위하여 자신을 낮추셨습니다. 자신을 부인하고 비울 뿐 아니라 철저히 낮아지셨습니다. 그리고 하나님의 뜻에 온전히 복종하셨습니다. 그 복종의 열매가 바로 '십자가의 죽으심'입니다. 하나님께서 스스로 사람의 몸을 입으시고 십자가에서 죽으셨습니다. 우리가 십자가를 볼 때 경외심을 갖지 않을 수 없는 이유가 바로 여기에 있습니다. 왜 그렇습니까? 이 십자가는 저주의 십자가이기 때문입니다. 주님은 스스로 저주 받은 자리로 내려가셨습니다. 모두가 하나님의 뜻을 온전히 순종하기 위함입니다.

이러한 예수님의 마음을 가졌기에 바울은 자신의 목숨을 하나님의 영광을 위하여 조금도 아깝게 여기지 않았습니다. 그는 기꺼이 자신의 생명이 하나님께 드려지는 것을 기뻐했습니다.

"나의 간절한 기대와 소망을 따라 아무 일에든지 부끄럽지 아니하고 오직 전과 같이 이제도 온전히 담대하여 살든지 죽든지 내 몸에서 그리스도가 존귀히 되게 하려 하나니 이는 내게 사는 것이 그리스

도니 죽는 것도 유익함이니라" (빌1:20-21)

바울이 예수님의 마음을 소유하자 그는 자신의 생명에 대한 참된 가치를 발견했습니다. 무엇을 위하여 살 것인지 명백해진 것입니다. 바울은 자신이 어떠한 일을 한 뒤에 자랑하지 않았습니다. 그는 무익한 종임을 늘 인식하였습니다. 그러므로 고백합니다. 나의 나 된 것은 하나님의 은혜 일 뿐입니다. 그는 누구보다 열심히 살았지만 교만하지 않았습니다. 그러므로 바울은 강조합니다. "아무 일에든지 다툼이나 허영으로 하지 말고 오직 겸손한 마음으로 각각 자기보다 남을 낫게 여기고"(빌2:3). 이것이 바울의 자세였습니다.

우리가 예수님의 십자가에서 배울 수 있는 것은 이러한 '하나님의 뜻에 대한 온전한 순종'입니다. 하나님의 일을 하되 겸손하게 하는 이들이 많아야 합니다. 그래야 하나님의 영광이 나타납니다. 겸손한 순종이 없으면 사람의 영광만이 그 자리를 차지하고 말 것입니다.

예수님을 따르는 길은 쉽지 않지만 예수님과 함께 하는 길은 최상의 행복을 누리는 길입니다. 바울은 이렇게 고백합니다. "그리스도를 위하여 너희에게 은혜를 주신 것은 다만 그를 믿을 뿐 아니라 또한 그를 위하여 고난도 받게 하심이라"(빌1:29) 그렇습니다. 이것이 바로 우리가 가는 신앙의 여정입니다. 십자가 신앙은 하나님을 향한 온전한 순종의 길입니다.
다음의 노랫말은 예수님을 따르는 자의 모습을 잘 표현하고
있습니다.

예수님처럼 바울처럼 그렇게 살순 없을까

남을 위하여 당신들의 온 몸을

온전히 버리셨던 것처럼

주의 사랑은 베푸는 사랑

값없이 거져 주는 사랑

그러나 나는 주는 것보다

받는 것 더욱 좋아하니

나의 입술은 주님 닮은 듯하나

내 맘은 아직도 추하여

받을 사랑만 계수하고 있으니

예수여 나를 도와 주소서

예수여 나를 도와 주소서

(최용덕, 낮엔 해처럼 밤엔 달처럼)

오늘 우리가 배워야 할 신앙이 여기에 있습니다. 자기 부
인, 자기 비움, 온전한 순종을 보여주신 예수님의 태도를 우리
가운데 심어야 합니다. 십자가 신앙을 사는 우리들에게 반드

시 가지고 있어야 할 믿음의 자세입니다.

예수님의 마음을 갖는 기쁨

이제 두 번째로 예수님의 마음을 갖는 것이 우리의 신앙에 기쁨이 되는 이유를 살펴보고자 합니다. 바울은 아주 담대하게 예수님의 마음을 품으라고 말합니다. 그 길이 결코 쉽지 않은 길임을 알고 있음에도 불구하고 담대하게 말할 수 있는 이유는 무엇이겠습니까? 그것은 예수님의 마음을 품은 자에게 약속 된 영광 때문입니다. 하나님의 나라는 심은 대로 거두는 나라입니다. 그리고 마지막 날에 우리의 행함 대로 갚으십니다. 그러므로 우리가 이 땅에서 어떻게 사느냐는 분명히 중요합니다. 성경은 거룩한 가운데 자랄 것을 말하는 이유가 여기에 있습니다.

그렇다면 예수님의 마음을 가진 것이 우리에게 기쁨이 되는 그 열매는 무엇입니까? 바울은 예수님의 모습을 통하여 그 비밀을 알려줍니다.

"이러므로 하나님이 그를 지극히 높여 모든 이름 위에 뛰어난 이름을 주사 하늘에 있는 자들과 땅에 있는 자들과 땅 아래 있는 자들로 모든 무릎을 예수의 이름에 꿇게 하시고 모든 입으로 예수 그

리스도를 주라 시인하여 하나님 아버지께 영광을 돌리게 하셨느니라" (빌2:9-11)

지극히 높임 받음

자기부인과 비움 그리고 온전한 순종으로 사셨던 주님은 '지극히 높임'을 받으셨습니다. 모든 이름 위에 뛰어난 이름이 되었습니다. 인류 역사상 모든 민족에게 들려지는 이름이 누구입니까? 바로 예수 그리스도입니다. 그리고 누구든지 예수님의 이름으로 기도하면 하나님이 들으십니다. 예수님의 이름이 영광이 되었습니다. 예수님의 이름으로 구할 때 역사가 일어납니다. 누구의 이름이 이처럼 높임을 받은 적이 있습니까? 제국을 호령하던 알렉산더입니까? 유럽을 점령하였던 징기스칸입니까? 시대의 영웅이었던 나폴레옹입니까? 아닙니다. 모든 이름이 다 예수 이름 아래 있습니다. 왜 그렇습니까? 이들은 모두 죽음의 권세에 무릎을 꿇었습니다. 그러나 예수님은 죽음의 권세를 이기시고 부활하셨습니다. 그리고 하나님 보좌 우편에 앉으사 모든 사람에게 칭송 받는 자가 되었습니다. 이것이 바로 지극히 높임을 받으신 내용입니다.

바울은 이 사실을 알았습니다. 그러므로 그는 예수님을 아는 지식으로 만족하였습니다. 그의 고백이 무엇입니까? "내게 능력 주시는 자 안에서 내가 모든 것을 할 수 있느니라"(빌 4:13) 예수님의 마음을 가진 자의 행복입니다. 기쁨의 원천입니다. 이것은 모두에게 동일합니다. 예수님의 마음을 품고 살아가는 자에게 하나님은 그를 높여 주십니다. 그리고 하나님이 높이시면 누구도 내리지 못합니다. 성경은 말씀합니다. "그러므로 하나님의 능하신 손 아래서 겸손하라 때가 되면 너희를 높이시리라"(벧전5:6) 우리가 예수의 마음을 가지고 살 때 하나님은 우리를 높여주십니다. 여기에 우리의 기쁨이 있습니다. 세상이 높여주는 것이 아니라 우리 하나님이 우리를 높여 주십니다.

인정 받으심

또한 예수님은 모든 사람들에게 '주님으로 인정' 받았습니다. 모든 입이 예수님을 주라고 시인합니다. 이것이 우리 주님이 받으신 영광이었습니다. 자기를 부인하고, 자신을 비우시고, 온전히 순종하셨던 주님께서 모든 이들에게 받으신 영광은 모든 사람으로부터 주라고 고백을 받은 것입니다. 이것이 오늘의 역사입니다. 주님을 시인하였다는 것은 구원받는 백성이 더하여졌다는 의미입니다. 이것이 십자가를 지신 주님이 받으신 영광입니다. 그리고 모든 사람들이 예수의 이름을 찬양하고 있습니다.

사실상 예수님께서 치욕스러운 십자가에 죽으셨을 때 누구 하나 그 이름이 생명의 이름이 될 줄 알았겠습니까? 로마의 총독인 빌라도가 알았겠습니까? 대제사장과 서기관과 사두개인들이 알았겠습니까? 그들은 당대에 잘 먹고 잘 살았을지 모르나 오늘의 역사에서 그들의 이름은 치욕스러운 존재로 남았고 예수의 이름은 영광의 이름이 되었습니다. 이제 온백성이 예수 앞에 무릎을 꿇고 있습니다. 어디를 가든 예수님의 이름이 드높임을 받고 있습니다. 이것이 주님이 받으신 영광이었습니다.

예수의 마음을 품고 살아가는 우리들에게 주어진 영광도 여기에 있습니다. 사람들이 때때로 예수 믿는 것을 조롱할 수 있습니다. 하지만 그 조롱의 입이 변하여 감사의 입으로 변할 것입니다. 예수의 마음을 품고 살 때 세상은 우리를 가볍게 보지 못합니다. 그리고 마침내 그들의 무릎이 예수 앞에 꿇게 될 것입니다. 이것이 우리가 보는 영광이며 기쁨입니다.

가족 가운데 예수님을 믿지 않는 분들이 있을 것입니다. 그들은 우리를 보고 때때로 비웃을 수 있습니다. 특별히 경제적으로 성공하지 못하면 더욱 그렇게 말할 수 있습니다. 그러나 두려워하거나 염려하지 마시기 바랍니다. 우리가 살아가는 삶에는 늘 이러한 싸움이 있습니다. 하지만 이 싸움의 승리는 예수님의 마음을 가지고 살아감에 있습니다. 반드시 그렇게 됩니다. 그들의 입술이 우리를 통하여 예수님을 시인할 것입니다. 그리고 우리에게 감사할 것입니다. 이것이 우리가 얻는 기쁨입니다. 그러므로 우리는 더욱더 예수님의 마음을 품고 살아야 합니다. 여기에 참된 기쁨이 있습니다.

하나님께 영광

끝으로 '하나님께 영광'이 됩니다. 육신을 입은 우리들이 살아가는 목적이 무엇입니까? 그것은 하나님을 영화롭게 하는 것입니다. 왜냐하면 하나님이 우리를 창조하신 이유이기 때문입니다. 예수님은 자신의 삶을 통하여 하나님께 영광을 돌렸습니다. 그는 주어진 사명을 완성하신 분입니다.

바울이 예수님의 마음을 품으라는 이유가 바로 여기에 있습니다. 그리고 예수님의 마음을 품는 것이 기쁨이 되는 이유이기도 합니다. 바울이 끊임없이 주를 위하여 살고자 한 것은 오직 하나님의 영광 때문이었습니다. 자신의 삶을 통하여 나타날 것을 기대한 것은 오직 하나님의 영광이었습니다. 바울은 "푯대를 향하여 그리스도 예수 안에서 하나님이 위에서 부르신 부름의 상을 위하여 좇아가노라"(빌3:14)고 고백합니다. 이렇게 하는 이유가 무엇입니까? 바로 하나님의 영광입니다.

바울은 자신의 삶을 통해서 예수님이 드러나기만을 원하였습니다. 그러나 하나님의 영광을 가로채는 자들에 대해서는 가차 없이 비판하였습니다. 바울은 예수님의 마음을 품은 자는 반드시 하나님을 영화롭게 하는 자임을 알았습니다. 예수님의 마음을 품은 자는 이 땅에서 자신이 살아가야 하는 이유를 아는 자이며, 삶의 행복을 누리는 자이기 때문입니다. 사람들에게 세상에서 가장 슬픈 일이 무엇이냐고 물으면 많은 사람들이 자기가 할 일을 하지 못하는 것이라고 말합니다. 맞는 말입니다. 그런데 진정으로 사람들이 해야 할 일이 무엇일까요? 그것은 바로 하나님을 영화롭게 하는 것입니다. 이것은 예수님의 마음을 품을 때 주어집니다. 다시 말하면 사람들이 이 땅에서 누리는 진정한 행복을 누릴 수 있는 방법이 바로 예수님의 마음을 품는 것입니다. 그러므로 모두에게 예수의 마음을 품으라고 하는 것입니다.

그리스도인의 준비

이제 **마지막으로 예수님의 마음을 가진 자가 주님 오시는 날까지 할 일이 무엇인지를 살펴보고자 합니다.**

바울은 예수님의 마음을 가진 자가 할 일에 대하여 말씀합니다.

"그러므로 나의 사랑하는 자들아 너희가 나 있을 때 뿐 아니라 더욱 지금 나 없을 때에도 항상 복종하여 두렵고 떨림으로 너희 구원을 이루라"(엡2:12)

예수님의 마음을 품었다면 우리는 하나님의 영광을 위한 준비가 된 것입니다. 그리고 이 땅에 남은 자로서 감당해야 할 일이 있습니다. 그것은 바로 우리의 구원을 이루는 일입니다. 이미 우리의 옛사람은 십자가에서 죽었습니다. 하지만 여전히 우리에게는 죄의 몸이 있습니다. 마지막에 우리의 몸이 구속될 때까지 우리는 죄의 몸 가운데 있어야 합니다. 성경은 말합니다.

"이뿐 아니라 또한 우리 곧 성령의 처음 익은 열매를 받은 우리까지도 속으로 탄식하여 양자 될 것 곧 우리 몸의 구속을 기다리느니라"(롬8:23)

우리 몸의 구속을 기다릴 때까지 우리는 죄의 몸 가운데 있어야 합니다. 이것이 우리의 현실입니다. 이러한 상황가운데 우리가 할 일은 무엇입니까? 바로 '구원을 이루어 가는 것'입니다. 칼빈은 이 말은 '구원을 잘 간수하라'는 말로 해석합니다. 이미 우리 안에 성령께서 행하신 구원을 완성되는 그 날까지 잘 간수해야 합니다. 이것이 바로 구원을 이루는 것입니다. 그런데 이 일을 위하여 우리가 가지고 있어야 할 자세가 있습니다. 그것은 '항상 복종하는 것과 두렵고 떨림으로 사는 것'입니다.

바울은 자신이 있을 때나 없을 때나 한결 같아야 할 믿음의 자세로 말씀에 대한 복종을 말합니다. 이것이 우리가 구원을 잘 간수하는 일입니다. 구원 받은 자는 반드시 말씀에 대한 복종으로 그의 구원을 증거 합니다. 또한 '두렵고 떨림'으로 감당해야 합니다. 이 말은 '각별하게 조심하고 신중하게' 하라는 의미입니다. 우리가 예수님의 마음을 가졌다면 우리의 삶을 가볍게 살아서는 안 됩니다. 신중하여야 합니다. 우리의 언어와 행동에 있어서 더욱 신중함이 필요합니다. 물론 신중함이 경직됨을 말하지는 않습니다. 다만 하나님의 이름을 망령되게 만드는 말과 행위를 조심해야 한다는 의미입니다.

예수님의 마음을 가진 자는 이 땅에서 진정한 기쁨을 아는 자요 누리는 자입니다. 우리가 그러한 사람이 되었다는 것이 얼마나 기쁘고 행복한 일입니까? 이 기쁨을 소유한 자답게 우리의 구원을 위하여 날마다 말씀에 복종하고 두렵고 떨림으로 우리의 삶을 살아 갈 수 있어야 합니다.

예수님처럼 살 수 없을까? 우리의 고민은 항상 계속되고 있습니다. 바울은 이러한 고민 가운데 있는 우리에게 예수님의 마음을 가지라고 말씀합니다. 예수님의 마음을 가지고 사는 것은 이 땅에서 이득이 되지 않을 수 있습니다. 그러나 이것만큼 확실한 약속이 있는 삶은 없습니다. 예수님의 태도를 마음에 품고 살아가는 자에게 의의 면류관이 보장되어 있습니다. 바울은 고백합니다.

"내가 선한 싸움을 싸우고 나의 달려갈 길을 마치고 믿음을 지켰으니 이제 후로는 나를 위하여 의의 면류관이 예비 되었으므로 주곧 의로우신 재판장이 그 날에 내게 주실 것이니 내게만 아니라 주의 나타나심을 사모하는 모든 자에게니라"(딤후4:7-8)

우리에게 의의 면류관이 예비되어있습니다. 예수의 마음을 품은 자에게 놀라운 은혜가 임하는 것입니다. 이 사실을 알기에 잠시 받는 고난으로 인하여 절망하지 않습니다. 잠시 있으면 주어질 영광을 알기 때문입니다. 그런데 이것은 이 땅에서도 경험합니다. 하나님의 일하심은 이 땅에서 시작하여 영원한 나라에서 완성되어지기 때문입니다.

예수의 마음을 품고 살아가는 것이 바로 십자가 신앙입니다. 그리고 십자가 신앙은 우리의 기쁨의 원천입니다. 십자가

는 영적인 기쁨을 나누어 줍니다. 십자가 신앙으로 우리의 신
앙의 여정을 힘차게 걸어 갈 수 있기를 바랍니다.

그리스도로부터 오는 승리

골2:1-15

내가 너희와 라오디게아에 있는 자들과 무릇 내 육신의 얼굴을 보지 못한 자들을 위하여 어떻게 힘쓰는 것을 너희가 알기를 원하노니 이는 저희로 마음에 위안을 받고 사랑 안에서 연합하여 원만한 이해의 모든 부요에 이르러 하나님의 비밀인 그리스도를 깨닫게 하려 함이라 그 안에는 지혜와 지식의 모든 보화가 감취어 있느니라 내가 이것을 말함은 아무도 공교한 말로 너희를 속이지 못하게 하려 함이니 이는 내가 육신으로는 떠나 있으나 심령으로는 너희와 함께 있어 너희의 규모와 그리스도를 믿는 너희 믿음의 굳은 것을 기쁘게 봄이라 그러므로 너희가 그리스도 예수를 주로 받았으니 그 안에서 행하되 그 안에 뿌리를 박으며 세움을 입어 교훈을 받은 대로 믿음에 굳게 서서 감사함을 넘치게 하라 누가 철학과 헛된 속임수로 너희를 노략할까 주의하라 이것이 사람의 유전과 세상의 초등 학문을 좇음이요 그리스도를 좇음이 아니니라 그 안에는 신성의 모든 충만이 육체로 거하시고 너희도 그 안에서 충만하여졌으니 그는 모든 정사와 권세의 머리시라 또 그 안에서 너희가 손으로 하지 아니한 할례를 받았으니 곧 육적 몸을 벗는 것이요 그리스도의 할례니라 너희가 세례로 그리스도와 함께 장사한 바 되고 또 죽은 자들 가운데서 그를 일으키신 하나님의 역사를 믿음으로 말미암아 그 안에서 함께 일으키심을 받았느니라 또 너희의 범죄와 육체의 무할례로 죽었던 너희를 하나님이 그와 함께 살리시고 우리에게 모든 죄를 사하시고 우리를 거스리고 우리를 대적하는 의문에 쓴 증서를 도말하시고 제하여 버리사 십자가에 못박으시고 정사와 권세를 벗어버려 밝히 드러내시고 십자가로 승리하셨느니라

진실에 근거한 행동

20세기의 위대한 복음주의 전도자인 프랜시스 쉐퍼는 말하기를 "지식인들을 포함한 모든 사람들은 진실된 것에 근거하여 행동해야 한다"고 하였습니다. 진실된 것에 근거하지 않는다면 그의 모든 생각과 삶은 의미가 없기 때문입니다. 진실되지 않는 것을 믿는 것처럼 무지한 것은 없습니다. 그러므로 쉐퍼 목사는 자신이 기독교를 믿는 것은 바로 기독교가 진리이기 때문이라고 했습니다. 정직하게 질문을 던지고 이에 대한 정직한 답을 얻는 것은 진실할 때 가능합니다. 우리가 기독교를 믿는 것은 신비적이어서가 아니라 진리이고 진실되기 때문입니다. 삶의 문제에 대한 답을 가지고 있기 때문입니다.

이것은 매우 중요한 기준입니다. 여러분은 왜 기독교를 믿고, 믿음을 가지고 있습니까? 여러분이 믿고 있는 기독교가 유일한 진리라고 확신 합니까? 여러분이 날마다 보고 있는 성경이 이 세상의 문제에 답을 주고 있는 유일한 근거라고 믿고

있습니까? 이 사실을 확인하는 것은 매우 중요합니다. 사람들은 본능적으로 자신들이 옳다고 생각하는대로 행동을 합니다. 생각하는 존재를 인격체라고 한다면 무엇이 옳은지 아는 것은 매우 중요합니다. 쉐퍼 목사가 말 한 대로 "지식인들을 포함한 모든 사람들은 진실 됨에 근거하여 행동해야 합니다." 거기에 어느 누구도 예외가 없습니다. 진실함이 없는 행동은 눈속임일 뿐입니다. 뿐만 아니라 진실함이 없는 행동은 세상과 사람을 변화 시키는 능력이 없습니다. 우리가 이 사실을 분명하게 인식한다면 말씀을 듣는 의미가 달라 질 것입니다.

여러분은 지금까지 말씀을 보거나 들을 때 어떤 의식을 가지고 있었습니까? 정말로 이 말씀이 진리구나, 바로 나의 삶을 살게 하는 원동력이구나 하는 마음으로 읽고 들으셨습니까? 여러분이 진심으로 진리를 알고자 하는 마음으로 듣는다면 성경은 우리에게 놀라운 선물을 줍니다. 말씀이 전혀 다른 모습으로 우리에게 다가 옵니다. 우리를 온전하게 만들어 주고 선한 일에 열심을 내는 삶으로 변화시켜 줄 것입니다.

본문 말씀은 우리에게 예수 믿음이 무엇인가를 잘 보여 주고 있습니다. 그리고 믿음의 결과가 무엇인지도 말하고 있습니다. 그러므로 주어진 말씀을 통하여 하나님이 알려 주고자 하는 의도가 무엇인지를 바로 파악할 수 있어야 합니다. 특별히 부활의 영광을 찬미하면서 부활의 신앙을 소유한 자의 삶이 무엇인지 함께 나눌 수 있는 즐거움이 있어야 합니다.

하나님의 비밀인 그리스도

바울 사도는 골로새 교회에 보내는 서신을 통하여 자신이 하나님 나라를 위하여 열심을 다하고 있음을 강조 합니다. 2:1 절에서 이러한 바울의 모습을 볼 수 있습니다. 바울이 최선을 다 하는 사역은 모든 사람들에게 '하나님의 비밀인 그리스도를 깨닫게'(2:2)하는 일입니다. 하나님의 비밀인 그리스도를 증거 하는 것에 바울은 자신의 전 생애를 바쳤습니다. 바울이 자신의 전 생애를 바칠 만큼 그리스도를 전한 이유는 분명했습니다. 그것은 바로 예수 그리스도 안에 지혜와 지식의 모든 보화가 감추어 있기 때문입니다 (2:3). 이것이 바로 하나님의 비밀입니다.

사람들이 그렇게 소망하는 지혜와 지식의 모든 보물을 바울은 알고 있었습니다. 그 보물은 바로 그리스도 안에 있습니다. 그러나 등잔 밑이 어둡다고 사람들은 이 보물을 보고도 알지 못합니다. 바울은 이것이 너무나 안타까웠습니다. 그러므로 그는 전 생애를 바쳐서 사람들에게 이 보물을 깨닫게 해주려고 나선 것입니다. 바울은 확신합니다. 누구든지 어린아이, 어른 할 것 없이 예수님을 바르게 알기만 하면 인생의 대박이

터질 것을 알았습니다.

바울은 자신이 예수 그리스도 안에 지혜와 지식의 보물이 있다는 사실을 강력하게 말하는 이유를 밝힙니다.

"내가 이것을 말함은 아무도 공교한 말로 너희를 속이지 못하게 하려 함이니" (골2:4)

골로새 교회를 흔드는 거짓 가르침들이 있음을 바울은 알았습니다. 그것이 그럴듯하게 보이지만 참된 보물이 아님도 알았습니다. 그러나 사람들은 눈에 보이는 것에 현혹되고 유창한 말에 속습니다. 바울은 이러한 속임수에 넘어 가지 말 것을 촉구합니다.

우리 시대도 예외가 아닙니다. 많은 사람들이 대박이 여기 있다 저기 있다 말 합니다. 어리석은 사람들은 그러한 속임수에 빠져서 이곳 저곳으로 몰려다닙니다. 그러다 쪽박 인생을 사는 사람들이 얼마나 많은지 모릅니다. 공부를 잘하면 참된 행복을 누릴 수 있다고 말합니다. 권력을 잡으면 기쁨을 마음껏 누릴 것이라 말합니다. 부자가 되면 세상을 다 얻는 것 같은 즐거움이 있다고 말합니다. 하지만 거짓입니다. 권력의 최정상에 있었던 노무현 전 대통령은 스스로 삶을 마감하였습니다. 권력이 그를 지켜주지 못하였습니다. 우리나라 3위의 재

벌이었던 대우의 K 회장은 지금 모든 것을 잃어 버렸습니다. 지금 그가 행복하다고 할 수 있겠습니까? 우리 주변에 잘 나간다고 말하는 직종의 사람들 가운데 우울증 약을 복용하는 사람들이 무수히 많습니다. 성공한 사람들이라고 모두가 행복한 것은 아닙니다.

우리 인생 가운데 진정한 행복은 오직 예수 그리스도를 믿는 것입니다. 왜냐하면 예수 그리스도 안에 모든 지혜와 지식의 보물이 있기 때문입니다. 그런 의미에서 예수님은 인생의 대박이라 할 수 있습니다. 정말 우리가 멋지게 살려면 예수님을 믿어야 합니다. 그리고 믿음의 자리에 굳게 서야 합니다. 이것이 바울이 강조하는 말입니다.

그리스도인의 보물

그렇다면 보물을 가지고 있는 그리스도인들은 어떤 모습을 가지고 있어야 합니까?

첫째로 예수님을 믿는 사람들은 예수님 안에서 굳게 서 있어야 합니다. 바울은 말합니다. "그 안에 뿌리를 박으며 세움을 입어 교훈을 받은 대로 믿음에 굳게 서서 감사함을 넘치게 하라"(2:7) 예수님 안에 믿음의 뿌리를 내려야 합니다. 그리고 예수님의 말씀으로 교훈을 받아야 합니다. 그러면 믿음에 굳게 세움을 입을 것입니다. 우리는 무엇보다도 예수님 안에 있어야 합니다. 예수님이 보물입니다. 예수님을 떠나서 그 어떤 보물을 얻을 수 없습니다. 사람들은 다양한 이론과 철학으로 유혹 할 것입니다. 여기에 유혹당해서는 안 됩니다. 오직 예수님 안에 있어야 합니다. 예수님 안에 거할 때 하나님의 비밀을 알 수 있습니다. 예수님은 우리 가운데 오신 하나님이십니다. 우리를 세상의 모든 죄와 유혹에서 구하고자 사람의 몸을 입으시고 오셨습니다.

우리를 죄에서 구하시고 마귀의 유혹을 이기게 하시는 분은 오직 하나님뿐입니다. 그런데 그 하나님께서 사람의 몸을 입으시고 우리 가운데 오셨습니다. 바로 우리 예수님이십니다. 그러므로 삶의 보물을 만나고 싶거든 예수님을 믿고 그 안에서 성장하고 굳게 서 있어야 합니다.

둘째, 예수님을 믿는 사람들은 그리스도와 함께 죽고 그리스도와 함께 살아난 자입니다. 바울은 이 사실을 세례의 모습을 통하여 말씀합니다. 세례는 예수님과 연합되어짐을 의미합니다. 예수님과 연합을 통하여 새 생명을 얻습니다. 마치 돌배나무가 참배나무에 접붙여져 참배를 맺듯이 예수님의 생명에 우리가 접붙여짐으로 우리 안에 예수님의 생명을 얻는 것입니다. 또한 세례는 하나님의 백성 됨을 확증하여 줍니다. 공중 권세 잡은 자의 손에서 벗어나 이제 하나님의 자녀가 되었음을 선언합니다. 즉 그리스도께서 십자가에서 죽으셨던 것처럼 죄에 대하여 죽은 자가 되었습니다. 그리고 죽음의 권세를 이기시고 살아나셨던 것처럼 우리는 그리스도와 더불어 살아났습니다. 이것이 바로 세례가 보여주는 표상입니다. 또한 이제부터 하나님의 자녀로서 누리는 모든 혜택을 받는 자가 되었음을 의미합니다. 또한 나의 모든 것이 하나님의 것임을 고백하고 하나님을 위하여 살겠다는 공적인 선언입니다. 이처럼 세례는 엄청난 사건입니다.

그래서 바울은 세례를 '영적인 할례'라고 하였습니다. 영적인 할례라 함은 모세의 할례가 아니라 그리스도의 할례를 말합니다. 세례는 앞서 말했듯이 그리스도와 함께 장사되는 것이며 동시에 믿음으로 예수님 안에서 일으킴을 받는 것입니다. 이것은 우리가 예수님을 믿을 때 예수님이 받으신 고난을 우리도 받는다는 것 또한 포함합니다. 예수님 믿는 것이 때때로 현실에서 유익이 되지 못하는 것처럼 보일 때가 있습니다. 힘들 때도 있습니다. 이것이 실제적 신앙의 삶입니다. 그러나 포기하지 말아야 합니다.

후배 목사의 아들이 소아암에 걸렸을 때 생존율이 50%였다고 합니다. 열심히 신앙생활 했는데 아들이 소아암이 걸렸으니 화가 나지 않겠습니까? 하나님을 원망하고 믿음을 버려야 되지 않겠습니까? 그런데 그렇지 않았습니다. 예수님처럼 고난의 길을 갔습니다. 그런데 하나님께서 50%의 생존율 가운데 다시 생명을 주셨습니다. 물론 모두가 다 생명을 얻을 수는 없습니다. 하지만 그리스도인은 결코 포기하지 않습니다. 다시 일으키심을 알기 때문입니다.

우리가 주님께 접붙여 있음으로 주님께서 죽으실 때 우리의 옛 사람이 죽었습니다. 그리고 주님이 죽은 자 가운데서 살아나실 때 우리도 주와 함께 다시 살아난 새 생명을 얻었습니다. 이 모든 것을 세례를 통하여 우리에게 확신시켜주고 있습니다.

"너희가 세례로 그리스도와 함께 장사한 바 되고 또 죽은 자들 가운데서 그를 일으키신 하나님의 역사를 믿음으로 말미암아 그 안에서 함께 일으키심을 받았느니라"(골2:12)

우리가 세례 받은 교인이 되었다면 우리는 그리스도와 함께 죽고 함께 살아난 자들입니다. 그리고 이것이 그리스도인 됨을 보여줍니다. 세례는 바로 이와 같은 믿음의 길을 고백하는 것입니다. 동시에 예수님과 함께 그 길을 걸어가겠다는 선언입니다. 그리스도인은 죽음으로 끝나는 자들이 아닙니다. 그렇다면 가장 불쌍한 사람들이 됩니다. 우리는 그리스도와 함께 다시 살아난 자들입니다. 그러므로 그리스도인은 삶의 어떠한 순간에도 절망의 바닥으로 떨어져서는 안 됩니다. 죽음을 이기신 그리스도에게 우리는 접붙여 있음을 항상 기억해야 합니다. 그리스도의 생명이 오늘도 우리와 함께합니다. 오늘날 세례를 받는 분들에게 이러한 분명한 이해와 멋진 고백이 있어야 합니다.

셋째, 예수님을 믿는 사람들은 십자가의 승리를 확신합니다. 예수 믿는 것이 위대한 것은 지는 것 같으나 반드시 승리하는 삶을 살기 때문입니다. 세상에서 고난을 당하는 것 같으나 마침내 기쁨의 삶으로 나갑니다. 이것이 십자가의 신앙을 가진 그리스도인의 자세입니다.

13-15절을 자세히 살펴보면 승리자 예수님의 모습을 볼 수 있습니다. 바울은 아담의 타락 이후에 사람이 어떠하였는지 보여줍니다. 우리의 옛 사람은 '범죄와 육체의 무할례로 죽었던' 사람이었습니다. 즉 우리는 하나님과 아무 관계가 없는 사람이었습니다. 언약 밖에 있던 이방인 이었으며 하나님 나라의 소망에서 끊어진 사람이었습니다. 영원한 지옥만이 우리 앞에 있었습니다. 그런데 이렇게 죽은 존재였던 우리들을 하나님께서 그리스도와 함께 살리셨습니다. 즉 하나님께서 우리들에게 그리스도의 생명을 나눠 주셨습니다. 예수님의 생명에

연합됨으로 우리가 생명을 얻었습니다.

이제 더 이상 우리에게 구원 받지 못할 죄가 있지 않습니다. 우리의 옛 사람이 가진 모든 죄가 다 용서함 받았기 때문입니다. 우리가 예수그리스도를 영접하고 그 분만이 진리이시므로 나의 삶에 주인으로 모시면 주님은 나를 죄의 사슬에서 건져내어 그리스도의 생명을 주실 뿐 아니라 과거와 현재와 미래의 모든 죄 된 삶에서 나를 지켜 주십니다.

도말하다

우리의 죄가 확실하게 용서함 받았다는 증거가 무엇입니까? 그것은 바로 우리의 죄를 '도말'하셨기 때문입니다. "우리를 거스리고 우리를 대적하는 의문에 쓴 증서를 도말하시고 제하여 버리사..."

여기서 '도말하다'는 표현은 '지우셨다', '없이했다'라는 의미입니다. 그리고 '의문에 쓴 증서'는 우리들이 율법을 어겼던 사실들이 기록된 명세서입니다. 이러한 의문의 증서들은 우리들을 거스리고 대적하여 그리스도에게서 떨어지게 하는 것들입니다. "너의 행실을 보아라, 어떻게 너 같은 자가 천국에 갈 수 있느냐" 하면서 우리를 좌절에 빠뜨리려 유혹합니다. 이것이 바로 의문의 증서 즉 율법이 하는 일들입니다.

그런데 이러한 명세서를 없애버리셨습니다. 성경은 우리가 하나님 나라에 들어가려면 흠과 티가 없이 순결한 영이 되어야 한다고 말하고 있습니다. 순결한 영이 없으면 하나님의 거룩한 빛에 나아갈 수 없습니다. 즉 우리 인간들의 모습으로는 어느 누구도 하나님의 거룩한 빛에 나갈 수 없습니다. 왜냐하면 그런 우리들의 죄를 기록한 증서가 있기 때문입니다.

이 증서가 있는 한 어느 누구도 거룩함을 주장할 수 없습니다. 나의 삶의 모든 과정이 기록되어있기 때문입니다. 그러므로 이 증서를 없이 하지 않으면 우리들의 구원은 이루어 질 수가 없습니다. 그런데 그리스도께서 이러한 조항을 없이하심으로 우리 모두를 그리스도의 나라에 들어가게 해 주셨습니다. 그가 이 증서를 도말하셨습니다. 우리가 예수를 구주로 믿으면 이러한 조항들이 우리를 결코 막을 수 없습니다. 사실상 현재의 우리들의 모습을 가지고 천국에 들어 갈 수 있는 자가 누가 있겠습니까? 그런데 오늘 우리들이 천국에 들어 갈 수 있는 소망이 있는 것은 바로 이러한 그리스도의 약속 때문입니다.

십자가에 못 박히심

그러나 여기서 끝나지 않습니다. 주님은 우리의 죄의 증서를 도말할 뿐 아니라 십자가에 못 박았습니다. "...도말하시고 제하여 버리사 십자가에 못박으시고"(14)라고 기록합니다.

이 말씀은 우리에게 더더욱 확신을 줍니다. 우리를 가로 막는 의문의 증서가 단순히 말로만 제하여 진 것이 아니라 실제로 도말되었다는 사실을 분명히 보여 주는 증표이기 때문입니다. 우리 죄의 기록이 도말 된 것은 바로 그리스도의 십자가에서 확인할 수 있습니다. 하나님은 우리의 의문의 증서를 십자가에 못박으므로 어느 누구도 부정할 수 없게 하였습니다. 비록 이러한 사건이 논리적 순서로 기록되어 있더라도 동시적인 사건임을 항상 기억해야 합니다. 우리가 예수를 주로 고백하는 순간에 우리에게 이러한 일들이 일어납니다. 십자가에 못박는 순간에 이 의문의 증서들은 무효가 되었습니다. 하나님 나라의 삶은 이제부터 그리스도와 함께 이루어 갑니다.

드러내심

우리의 죄를 사하여 주신 예수님은 우리가 죄를 짓도록 하였던 마귀들을 웃음거리고 만드셨습니다. 바울이 이것을 밝히는 것은 사단이 아무리 힘이 세다 하더라도 마침내 부끄러움이 될 것을 보여주기 위함입니다. "정사와 권세를 벗어버려 밝히 드러내시고…"(15)

여기서 '드러내다'는 헬라어 '데이그마티조'의 의미는 '어떤 사람을 공중 앞에 드러내 보이다'라는 의미입니다. 그러므로 이 본문의 의미는 이렇게 볼 수 있습니다. '정사와 권세자들을 무장해제 시키고 대중 앞에 그들의 발가벗은 모습을 보이므로 웃음거리가 되게 하였다'는 것입니다.

율법과 죄의식을 통하여 하나님나라에 들어가지 못하도록 막는 사탄의 세력들이 어떠한 존재 인지를 드러내 주신다는 말씀입니다. 그리스도의 사건은 단순히 의문의 증서만을 도말 하는 사건이 아니라 사탄의 권세를 웃음거리로 만든 사건입니다. 그렇습니다. 우리가 예수 그리스도를 진정한 나의 주님으로 모셔 들이면 죄와 사탄의 대적에서 이겨 낼 수 있습니다.

승리하심

이 모든 것이 다 십자가에서 이루진 일입니다. "...십자가로 승리 하셨느니라"(15) 이것은 바로 부활의 영광이기도 합니다. 부활은 십자가의 승리를 만끽하는 날입니다. 사단은 자신이 이겼다고 생각했을 것입니다. 그러나 주님은 죽음을 이기시고 살아나셨습니다. 십자가의 완벽한 승리입니다.

예수님을 믿는 것은 바로 이러한 승리를 누리는 삶입니다. 예수 안에는 반드시 승리가 있습니다. 그 어떤 세력도 예수님을 무너뜨릴 수 없습니다. 교회의 긴 역사는 누가 진정한 승리자인지 보여 주고 있습니다. 지금 한국 교회는 위기 가운데 있습니다. 그러나 하나님의 교회는 다시 세워질 것입니다. 승리의 깃발은 오직 예수 그리스도입니다. 우리는 이 승리를 바라보면서 살아가는 순례자들입니다. 그러므로 예수 믿는 사람들은 어떠한 상황 가운데서도 포기하지 않습니다. 궁극적으로 이기실 하나님을 알기 때문입니다. 오직 우리가 할 일은 세상을 이기신 주님을 담대하게 전하고 믿음으로 살아가는 일입니다. 이것이 예수 믿는 사람들의 모습입니다.

부활은 십자가의 승리를 축하하는 축제입니다. 모든 권세가 예수님의 무릎 앞에 꿇어진 날입니다. 사람들이 가장 두려워하는 죽음을 이기신 사건입니다. 우리가 지금 모여 예배하는 것은 이 행복과 기쁨을 하나님께서 드리기 위함입니다. 예수님께서 승리하셨습니다. 우리 모두 이 승리를 축하합시다. 그리고 예수님과 연합된 우리도 이 땅에서 승리자임을 알고 살아갑시다. 예수님이 이기셨습니다. 비록 우리가 죄의 몸으로 인하여 연약해 질 때가 있지만 이미 우리는 승리자입니다. 승리자로서 담대하게 살 수 있어야 합니다.

작은 고난에 두려워하지 마시기 바랍니다. 예수 그리스도 안에 있으면 그 두려움이 변하여 웃음이 될 것입니다. 이제부터 행복자요 승리자로 살아야 합니다. 더 이상 패배자와 포로 자로 살아서는 안 됩니다. 우리 모두 주님께서 다 이루신 십자가의 승리를 마음껏 누릴 수 있는 승리자가 되어야 합니다.

3부 / 십자가의 영광

나의 능력이 되신 예수 그리스도

절박한 자에게 위로가 오다

십자가 없이 영광은 없다

십자가, 하나님의 영광이 되다

나의 능력이 되신
예수 그리스도

딤전1:12-17

나를 능하게 하신 그리스도 예수 우리 주께 내가 감사함은 나를 충성되이

여겨 내게 직분을 맡기심이니 내가 전에는 훼방자요 핍박자요 포행자이었

으나 도리어 긍휼을 입은 것은 내가 믿지 아니할 때에 알지 못하고 행하였

음이라 우리 주의 은혜가 그리스도 예수 안에 있는 믿음과 사랑과 함께 넘

치도록 풍성하였도다 미쁘다 모든 사람이 받을만한 이 말이여 그리스도 예

수께서 죄인을 구원하시려고 세상에 임하셨다 하였도다 죄인 중에 내가 괴

수니라 그러나 내가 긍휼을 입은 까닭은 예수 그리스도께서 내게 먼저 일절

오래 참으심을 보이사 후에 주를 믿어 영생 얻는 자들에게 본이 되게 하려

하심이니라 만세의 왕 곧 썩지 아니하고 보이지 아니하고 홀로 하나이신 하

나님께 존귀와 영광이 세세토록 있어지이다 아멘

디모데전서는 목회에 관한 중요한 가르침을 주고있는 목
회서신 가운데 하나입니다. 바울은 에베소에서 목회하고 있는
믿음의 아들인 디모데에게 교회를 어떻게 이끌어 갈 것인지에
대하여 알려 주고자 서신을 보냅니다. 교회는 세워지는 것만

큼이나 자라나는 것 역시 어렵습니다. 그래서 성령의 지혜가 없이 교회가 유지되는 것은 불가능합니다. 교회의 머리가 그리스도이기 때문에 그리스도의 뜻이 온전하게 드러나지 않으면 교회가 그 기능을 제대로 나타낼 수 없습니다. 그렇게 되면 교회는 점차로 무너지게 됩니다. 그러므로 무엇보다도 그리스도의 뜻이 온전하게 드러나도록 힘써야 합니다. 그것이 교회를 지키는 일입니다.

바울은 곳곳에 교회를 세우는 일에 크게 쓰임을 받았습니다. 그러나 교회를 끝까지 양육하는 목회자로서 사명을 감당할 수 없었습니다. 그것은 바울의 소명이 아니었기 때문입니다. 바울은 교회를 설립하고 그곳에 목사와 장로를 세운 뒤에 떠났습니다. 에베소교회 역시 동일하였습니다. 바울은 3년 동안 에베소에 머물면서 복음을 전하고 교회를 세웠습니다. 에베소는 아데미 신전이 있는 종교성이 강한 도시였으며 항구 도시로서 당시 중요한 상업 지역이었습니다. 종교와 상업의 중심지에 세워진 에베소교회이기에 바울은 그 어떤 도시보다 더 최선을 다한 것으로 보입니다. 그래서 교회가 세워지는 것을 보고 떠나면서 에베소에 자신이 가장 소중이 여기는 디모데를 남겨 둡니다.

바울이 디모데를 에베소에 머물게 한 이유는 에베소 교회에서 들려오는 소식 때문이었습니다. 그 내용은 에베소 교회가 잘못된 교훈에 빠져 있다는 것이었습니다. 이들은 "다른 교훈"과 "신화와 족보에 집착하는 모습" 그리고 "왜곡된 율법주의"에 빠져 있었습니다. 바울은 이러한 신앙과 율법주의는 하나님의 영광을 가리고 건강한 교회를 세우는 일에 방해가 됨을 분명히 알고 있었습니다. 이렇게 왜곡된 신앙은 교회 안에 사랑의 나눔은 사라지게 하고 오직 논쟁만 남게 합니다.

바울은 이러한 일을 바로 잡기 위해 디모데를 에베소에 머물게 합니다. 그리고 바른 복음이 무엇인지 자세하게 써서 교회를 건강하게 세우도록 격려합니다. 이것이 디모데전서를 쓴 이유입니다.

본문의 구조를 보면 딤전 1:1-11절에는 인사와 함께 서신을 기록한 이유를 밝힙니다. 그리고 12-17절에는 오늘 우리가 살펴볼 본문으로써 자신이 어떻게 이 복음을 전하는 직분을 받았는지 설명합니다. 그리고 난 뒤에 18절 이후부터 디모데를 향한 경계의 말씀을 주고 있습니다.

이러한 전반적인 배경과 앞 뒤 문맥을 이해하고 바울이 자신이 어떻게 복음을 전하는 직분을 받게 되었는지 살펴보고 이러한 개인적 변화를 소개하는 이유를 통해 은혜를 받고자 합니다.

우리는 그리스도인이 되려면 예수 그리스도의 십자가를

짊어져야 함을 알고 있습니다. 십자가를 외면하고서는 그리스도인이 될 수 없고, 그리스도인의 삶은 더더욱 불가능함을 잘 알고 있습니다. 하지만 그리스도의 십자가를 지는 것은 쉽지 않은 일입니다. 그래서 우리는 늘 갈등하면서 살아갑니다.

더구나 우리가 너무나 잘 알고 있는 대로 우리의 본성으로는 결코 예수님을 따를 수 없습니다. 우리의 부패한 본성은 예수님을 좋아하지 않습니다. 그래서 예수님이 세상에 왔을 때 세상은 예수님을 영접하지 않았습니다.

"참빛 곧 세상에 와서 각 사람에게 비취는 빛이 있었나니 그가 세상에 계셨으며 세상은 그로 말미암아 지은바 되었으되 세상이 그를 알지 못하였고 자기 땅에 오매 자기 백성이 영접지 아니하였으나"(요1:9-11)

세상은 어두움의 종이기에 빛을 싫어합니다. 그래서 빛에 대하여 적대적입니다. 이것이 우리의 본성이며 우리 스스로는 결코 이 본성을 바꿀 수 없습니다. 우리는 늘 이기적인 삶을 추구하며, 자기중심적 삶을 살아갑니다. 그것이 삶의 즐거움입니다. 그래서 나의 삶을 침범하는 것은 무엇이든지 일단 거부를 합니다. 특히 양심의 문제는 더더욱 방어하고 저항합니다. 누구도 죄의 문제에 대해 언급하는 것을 싫어합니다.

그렇기 때문에 우리의 죄를 인식하고 회개하며 예수님을 믿는다는 것은 기적이라 할 수 있습니다. 우리가 지금 예수님을 믿고 있다면 우리는 놀라운 기적을 체험하고 있는 것입니다. 우리의 본성을 이기고 하나님 앞에 굴복하였기 때문입니다. 물론 우리의 육신이 남아 있는 한 여전히 우리의 본성은 우리를 지배하려고 합니다. 그래서 예수 믿음 이후의 삶은 더욱더 치열한 영적인 전쟁입니다.

우리는 이러한 사실 앞에 한 가지 질문을 던질 수 있습니다. 이러한 기적이 가능한가? 즉 본성에 따라 살아가는 사람이 그것을 거스르고 믿음으로 살 수 있는가? 우리는 그 사실을 바울의 고백을 통해 살펴보고자 합니다. 바울은 우리의 이러한 질문에 가장 적합한 답을 줄 수 있습니다. 그는 우리와 같을 뿐 아니라 어쩌면 더욱 악한 모습을 가지고 있었다고 할 수 있습니다. 그런데 그는 역사상 가장 위대한 주님의 제자가 되었고, 복음 전도자로 살았습니다.

바울에게 일어났던 일이 무엇입니까? 바울이 고백하는 변화는 무엇입니까? 바울이 가지고 있었던 믿음의 본질은 무엇입니까? 바울에게 일어난 그 놀라운 사실들은 우리 자신을 다시 돌아보게 하고 동시에 주를 위하여 살 수 있는 힘을 공급하여 줍니다. 바울은 자신에게 이루어진 일을 잘 알고 있었습니다. 그리고 담대하게 이러한 사실을 증거 합니다. 오늘 우리가 살펴보는 본문에서도 담대한 바울의 모습을 볼 수 있습니다.

능력 주시는 그리스도

첫째, 바울이 고백하는 것은 능력 주시는 예수 그리스도입니다. 바울은 예수님의 능력이 자신을 복음을 위해 사는 자로 만들었다고 고백합니다. 사악한 인간이었고, 소망이라고는 보이지 않는 인생을 새롭게 변화시킨 것은 오직 예수님의 능력이라고 고백합니다.

"내가 전에는 훼방자요 핍박자요 포행자이었으나 도리어 긍휼을 입은 것은 내가 믿지 아니할 때에 알지 못하고 행하였음이라"

(딤전1:13)

우리말에 무식하면 용감하다는 말이 있습니다. 이처럼 두려운 것이 없습니다. 무식한 사람은 자신의 신념이 곧 신입니다. 이들이 정말 무서운 것은 모든 것을 자신의 기준에 맞추어 행동한다는 것입니다. 바울이 그런 사람이었습니다. 그가 믿음이 없어 복음을 알지 못할 때 "훼방자요 핍박자요 포행자'로 살았습니다.

'훼방자'는 악의에 찬 마음을 가지고 비방하는 사람이라는 의미입니다. 이 말은 성령을 훼방하는 죄(마12:31)를 언급할 때 쓰인 말과 같은 단어입니다. 훼방자는 하나님을 향해 고의적으로 불순종하는 자입니다. 이것은 "악을 선하다 하며 선을 악하다 하며 흑암으로 광명을 삼으며 광명으로 흑암을 삼으며"(사 5:20)와 같은 모습입니다. 훼방자에게서는 진리를 찾을 수 없습니다.

또한 '핍박자'입니다. 이것은 권력을 가지고 남을 압박하는 것입니다. 정말 잔인한 사람은 권력의 입으로 사람의 입을 막고, 생각을 막고, 자유를 차단하는 자입니다. 지금 나라가 사찰 문제로 난리가 아닙니다. 권력의 힘으로 민간인을 자신의 입맛에 따라 사찰하였다면 이것은 정말 사악한 일입니다. 바울은 권력을 가지고 하나님을 믿는 이들을 압박하는 자였습니다.

그는 '포행자'입니다. 이는 교만으로 가득 찬 모습을 말합니다. 오만의 극치를 달리고 있었습니다. 남을 해치는 것을 즐기는 자였고, 남이 잘 되는 것을 보지 못하는 사람입니다. 사람을 능멸하고 욕보이는 자(롬1:30)입니다.

이런 사람이 옆에 있는 것만으로도 소름이 끼치는 일입니다. 아마도 모든 사람은 다 변화되어도 바울은 변화 될 수 없을 것이라 생각했을 것입니다. 그런 바울이 하나님의 자녀가 된 것입니다. 어떻게 이러한 일이 일어날 수 있습니까? 그것은 오직 한 가지 때문입니다. 바로 "예수 그리스도의 능력"입니다.

예수 그리스도의 능력이 변화를 일으키는 것입니다. 세상은 할 수 없고, 사람도 할 수 없지만 예수 그리스도는 가능합니다. 바울은 다메섹 도상에서 자신에게 나타나신 예수 그리스도를 만나는 순간 모든 것이 다 변화되었습니다. 바울만 놀랐을 뿐 아니라 바울을 알고 있던 모든 사람들이 다 놀랐습니다. 불가능이 가능함을 보았기 때문입니다. 세상에서 제일 안변화는 것이 사람이라고 합니다. 하지만 예수 그리스도의 능력 앞에 변화되지 않을 사람은 없습니다.

오늘 우리의 변화를 보시기 바랍니다. 우리가 어떻게 예수를 믿었습니까? 우리의 본성을 본다면 우리는 결코 예수를 믿을 수 없습니다. 그런데 우리가 지금 예수님을 믿고 있습니다. 그리고 말씀을 듣는 은혜의 자리에 있습니다. 이 모든 일이 어떻게 일어났습니까? 바로 예수 그리스도의 능력입니다. 그분의 능력이 우리를 변화시킨 것입니다. 그리고 우리로 하여금 예수님을 위하여 살게 하였습니다. 예수님의 능력이 모든 것을 변화시키는 것입니다. 우리는 이 사실을 부인할 수 없습니다.

12절을 다시 보겠습니다. "나를 능하게 하신 그리스도 예수 우리 주께 내가 감사함은 나를 충성되이 여겨 내게 직분을 맡기심이니" 이 말씀을 우리가 믿음으로 받는다면 우리를 구원하신 그리스도께 우리는 늘 감사해야 합니다. 그리고 그 분이 맡겨주신 우리의 사명에 충성해야 합니다. 우리가 잘나서 충성하는 것이 아닙니다. 우리를 구원하시고 우리에게 맡겨 주셨기 때문에 우리는 주의 일에 충성하는 것입니다.

바울 역시 이 사실을 너무나 잘 알았습니다. 바울은 자신을 능하게 하신 예수님께 너무나 감사하였습니다. 사도의 직분을 가질 수 있었던 자신이 잘난 것이 아니라 그리스도께서 자신을 충성되이 여겨주셨기 때문이라고 고백합니다.(12) 그렇기에 그는 주님을 위하여 충성 되이 사는 것입니다. 내가 잘났기에 충성하는 것이 아니라 충성되이 여겨 주셨기에 충성하는 것입니다.

또한 바울은 그가 주의 일을 감당할 때 내게 능력 주시는 자 안에서 내가 모든 것을 할 수 있음(빌4:13)을 항상 기억했습니다. 주님의 능력을 알았던 바울이기에 그의 전 생애를 철저하게 능력 주시는 그리스도 안에서 감당하였습니다.

바울이 만났던 그 주님은 바로 우리의 주님이십니다. 우리 역시 이 땅에서 믿음의 길을 갈 수 있는 것은 바로 우리를 능하게 하신 예수 그리스도 때문입니다. 우리의 능력이 아니라 그리스도의 능력입니다. 우리의 충성이 아니라 그리스도께서 충성되이 여겨 주셨기 때문입니다. 이 믿음이 더욱 견고하기를 소망합니다.

그리스도의 풍성한 은혜

둘째, 예수 그리스도의 풍성한 은혜입니다. 바울은 예수님의 능력이 자신을 충성된 사역자로 살게 하였음을 잘 알고 있었습니다. 그러나 바울은 여기에 더해 꽉 붙잡고 있었던 믿음이 있었습니다. 그것은 바로 "그리스도의 풍성한 은혜"입니다. 바울은 이 은혜가 없었다면 자신은 결코 사도로써 사명을 감당할 수 없음을 고백합니다.

바울은 "자신이 죄인 중의 괴수"라고 말합니다. 이 말은 죄인 가운데 첫 번째이며, 최고라는 것입니다. 다시 말하면 소망이 없는 존재라는 뜻입니다. 지옥에 들어가야 할 첫 번째 사람이 있다면 바로 자신이라는 고백입니다. 그러한 바울이 지금 천국의 백성으로 살고 있습니다.

이런 일이 어떻게 이루어졌습니까? 바로 그리스도의 풍성하신 은혜입니다. "우리 주의 은혜가 그리스도 예수 안에 있는 믿음과 사랑과 함께 넘치도록 풍성하였도다"(14) 예수 그리스도의 은혜가 믿음과 사랑과 함께 풍성하게 넘쳤습니다. 이 풍성하신 은혜가 자신을 괴수의 자리에서 구원하여 주신 것입니다. 이것이 그리스도의 은혜입니다.

그렇다면 '풍성하신 은혜'가 무엇입니까? 15절을 보시기 바랍니다. "미쁘다 모든 사람이 받을만한 이 말이여 그리스도 예수께서 죄인을 구원하시려고 세상에 임하셨다 하였도다. 죄인 중에 내가 괴수니라"

무엇이 은혜입니까? "그리스도 예수께서 죄인을 구원하시려고 세상에 임하셨다"는 것입니다. 즉 성육신 하시고 십자가에 죽으시고 부활하신 것입니다. 죄인을 구하려 세상에 임하신 그리스도가 바로 은혜입니다. 우리가 은혜가 충만하다 할 때 이 사실을 고백하는 것입니다. 죄인들에게 가장 큰 기쁜 소식은 바로 "그리스도 예수께서 죄인을 구원하시려고 세상에 임하셨다"는 사실입니다. 이것이 복음입니다.

바울은 이러한 주님의 은혜 앞에 겸손하지 않을 수 없었습니다. 하나님은 이러한 자를 존귀하게 여겨 주십니다. 하나님 앞에 철저하게 낮아지는 자는 하나님의 은혜가 충만한 사람입니다. 구원은 이러한 자신의 부패함에 대한 철저한 고백에 있습니다. 바울의 모습에서 우리는 분명하게 배울 수 있습니다.

예수님이 이 땅에 오신 것은 우리를 죄에서 구원하시기 위함입니다. 그러므로 어느 누구라도 우리 가운데 오신 예수 그리스도 앞에 자신의 죄를 자복하면 구원을 얻습니다. 우리가 예수님을 믿는 것은 죄인을 구원하시려 오신 예수 그리스도를 믿는 일입니다. 우리가 예수님을 고백하는 것은 나의 죄를 예수님이 다 용서하여 주셨다는 사실을 믿는 믿음입니다. 이것이 바로 은혜입니다. 우리가 이 은혜를 믿으면 구원 받습니다. 우리의 죄는 사라집니다. 바울은 자신이 비록 죄인 중의 괴수라 할지라도 소망이 있는 이유는 예수 그리스도의 은혜라고 말합니다. 풍성하신 은혜가 구원을 주십니다. 그 어떠한 사람도 배척하지 않습니다. 이것이 바울이 자신의 사명을 감당할 수 있었던 능력이었습니다.

그렇다면 우리의 삶에 필요한 것이 무엇이겠습니까? 풍성하신 그리스도의 은혜입니다. 이 은혜가 있다면 우리는 복음의 삶을 감당할 수 있습니다. 우리의 추하고 더러운 모습에도 불구하고 우리의 죄를 사하시러 이 땅에 오신 예수 그리스도는 우리를 하나님과 화목하게 하여 주셨습니다. 이제 영원한 하나님의 영광을 바라 볼 수 있고, 그의 나라를 상속 받을 수 있는 자격을 주셨습니다. 죄인 중의 괴수와 같은 우리들에게 그러한 은혜를 주셨습니다. 우리는 이 놀라운 은혜와 사랑을 받은 사람입니다. 이것이 우리가 이 땅에서 주눅 들지 않고 살아갈 수 있는 이유입니다. 교만하지 않고 살아가야 하는 이유입니다. 담대하게 믿음의 길을 갈 수 있는 이유입니다.

오늘 우리가 주의 십자가를 묵상할 때 고백해야 하는 것은 바로 주의 풍성하신 은혜입니다. 주의 십자가는 주님의 풍성하신 은혜의 결정체입니다. 주님의 풍성하신 은혜가 우리를 그리스도인으로 살게 합니다. 그리고 끝까지 믿음의 길을 갈 수 있게 합니다. 이 믿음의 길을 주의 은혜로 걸어 갈 수 있기를 소망합니다.

예수님의 인내

셋째, 예수 그리스도의 오래 참으심입니다. 우리는 중요한 한 가지 사실을 배우게 됩니다. 그것은 바로 예수님의 인내입니다. 우리의 인내가 아닙니다. 예수님의 인내입니다. 이것이 우리의 소망입니다. 예수님의 오래 참으심이 없다면 우리는 소망이 없는 사람들입니다. 그런데 예수님이 오래 참으셔서 우리에게 소망을 주셨습니다.

바울은 자신이 죄인 중의 괴수이기에 하나님으로부터 용서함을 받을 수 있는 자격이 없음을 잘 알고 있었습니다. 그런데 하나님의 은혜로 구원을 받았습니다. 이 사실을 잘 알고 있었습니다. 바로 여기에 중요한 또 하나의 가르침이 있습니다. 그것이 하나님의 오래 참으심입니다.

"그러나 내가 긍휼을 입은 까닭은 예수 그리스도께서 내게 먼저 일절 오래 참으심을 보이사 후에 주를 믿어 영생 얻는 자들에게 본이 되게 하려 하심이니라"(딤전1:16)

자신과 같은 큰 죄인들이 용서받는 것은 결코 쉽지 않음을 바울을 잘 알고 있었습니다. 그러나 하나님은 아무리 큰 죄인이라 하더라도 돌아올 때가지 기다리십니다. 바울은 "예수 그리스도께서 내게 먼저 일절 오래 참으심을 보이사"라고 고백합니다. 예수님께서 먼저 참으셨습니다. 우리가 아닙니다. 예수님이 먼저 우리를 참으셨습니다. 또한 일절 참으셨습니다. 즉 완전하게 참으셨습니다. 그리고 오래 참으셨습니다. 이러한 인내함이 바울을 구원의 자리로 이끄신 것입니다.

우리는 탕자의 비유로 알려진 말씀을 알고 있습니다. 집 나간 아들을 기다리는 아버지의 모습을 기억합니다. 아들이 돌아올 때 아직도 거리가 먼데 뛰어 나가 아들을 맞이하시는 아버지의 모습을 잘 알고 있습니다. 그 아버지는 바로 우리 하나님을 의미합니다. 하나님은 집 나간 아들이 돌아올 때까지 오래 참으셨습니다. 그리고 아들이 돌아오자 그를 기쁘게 맞이하여 주셨습니다.

바울은 이러한 하나님의 인내하심을 너무나 잘 알았습니다. 그러므로 늘 감사하였습니다. 예수 그리스도께서 일절 오래 참지 않았다면 자신은 영원한 멸망가운데 있음을 알았습니다. 그런데 그리스도께서 오래 참으심으로 구원하여 주셨음을 기억한 것입니다. 예수님의 오래 참으심이 없다면 오늘 우리도 없습니다. 그러므로 오래 참으시는 하나님을 찬양하지 않을 수 없습니다.

그런데 바울은 여기서 예수 그리스도께서 자신에게 이렇게 하신 이유가 무엇인지 밝히고 있습니다. 그것은 "주를 믿어 영생 얻는 자들에게 본이 되게 하기 위함"입니다. 이 말씀을 곰곰이 생각하면 우리 가운데 누구도 구원 받기에 합당한 자는 없지만 그러나 동시에 어느 누구라도 예수 그리스도를 믿는다면 구원에 이를 수 있으며, 하나님의 일을 감당할 수 있다는 것을 알 수 있습니다. 지금도 여전히 예수 그리스도는 구원 받기로 작정된 자가 돌아오기를 기다리고 있습니다. 그가 어떠한 상태에 있든지 아무 관계가 없습니다. 죄인 중의 괴수였던 바울이 구원받았습니다. 그렇다면 구원 받지 못할 이들이 어디 있습니까? 우리 주님은 구원받는 자가 다 회개에 이르기까지 기다리시는 분입니다. 베드로 사도 역시 이 사실을 증거합니다.

"주의 약속은 어떤 이의 더디다고 생각하는 것같이 더던 것이 아니라 오직 너희를 대하여 오래 참으사 아무도 멸망치 않고 다 회개

하기에 이르기를 원하시느니라" (벧후3:9)

우리 주님은 구원 받기로 작정된 모든 자가 다 회개에 이르기를 원하십니다. 오래 참으시는 주님이 계십니다. 이 사실을 기억하시기 바랍니다. 먼저 우리에게 일절 참으시는 주님이십니다.

그런 의미에서 우리 자신을 냉철하게 점검해야 합니다. 하나님 앞에 죄인 중의 괴수라는 철저한 죄의 고백이 있었습니까? 주님의 십자가 앞에 모든 죄를 내려놓고 죄 사함을 구했습니까? 죄에 대한 통곡이 있었습니까? 주님의 용서함을 받았습니까? 혹시라도 나의 삶에 외식적인 부분이 남아있다면 주님 앞에 내려놓아야 합니다. 주님 앞에 가식적이거나 외식적인 신앙을 던져 버려야 합니다. 죄를 가지고서는 결코 은혜의 자리에 들어 갈 수 없습니다. 그러나 주님의 긍휼하심은 무한하십니다. 오래 참으신 주님께서 우리를 자녀 삼으십니다.

뿐만 아니라 이 사실은 믿음의 여정을 가고 있는 우리에게 매우 큰 힘이 됩니다. 우리는 복음을 전할 때마다 좌절할 때가 있습니다. 복음을 전해도 요동하지 않는 이들을 볼 때 절망할 때가 있습니다. 그러나 인내하시기 바랍니다. 주님이 포기하지 않는데 우리가 포기할 수 없습니다. 좀 더 인내해야 합니다. 그리고 최선을 다하여 복음을 전해야 합니다. 우리에게는 정죄의 권한이 없습니다. 우리는 오직 복음을 전할 뿐입니다. 주님께서 오래 참으심으로 죄인 중의 괴수를 구원하셨습니다. 그런데 우리가 누구를 포기할 수 있겠습니까? 주님께서 오래 참고 있습니다. 그러므로 우리 역시 인내함으로 주의 복음을 전해야 합니다.

그리고 인내함으로 주의 길을 가야 합니다. 주님께서 우리에게 맡겨주신 그 일들을 감당해야 합니다. 주님께서 오래 참으심으로 바울을 부르시고 복음을 전하는 자로 부르셨습니다. 그리고 바울 이후에 믿는 모든 이들에게 본이 되게 하셨습니다. 주님께서 우리를 부르셨다면 인내함으로 이 길을 가야 합니다. 끝까지 완주하여야 합니다. 인내의 주님께서 우리와 함께 하십니다.

예수그리스도에 대한 지식과 부르심에 대한 확신

바울이 이렇게 자신의 삶을 고백하는 첫번째 이유는 에베소 교회와 목회 사명을 감당해야 할 젊은 목사 디모데를 위한 것입니다. 교회를 세우는 일에 있어서 무엇보다 중요한 것은 예수 그리스도에 대한 바른 지식과 부르심에 대한 확신입니다. 그러므로 바울은 일차적으로 에베소 교회와 디모데를 격려하기 위하여 이 말씀을 줍니다. 교회가 건강하게 위하여 무엇이 중요한지 알려 줍니다. 이것은 또한 오늘 믿음의 길을 가고 있는 우리 모두에게 주시는 말씀이기도 합니다.

믿음의 여정을 걸어가는 것은 쉬우면서도 어려운 일입니다. 그리스도에 대한 확고한 믿음이 없이는 결코 갈 수 없습니다. 물론 익명의 그리스도인으로, 자연 종교인으로 다닐 수는 있어도 천국을 향한 믿음의 길을 갈 수는 없습니다.

우리가 믿고 있는 예수 그리스도는 어떠한 분인지 다시금 점검할 수 있기 바랍니다. 오늘 우리는 바울의 고백을 통하여 배웠습니다. 우리의 고백은 우리에게 능력 주시는 예수 그리스도입니다. 이 능력이 우리를 살게 합니다. 어떠한 상황에서도 우리를 도우십니다. 정말 주님의 능력이 있다면 우리는 무엇이나 다 할 수 있습니다. 우리의 힘과 능력으로 살 수 없습니다. 그리스도인은 그리스도의 능력으로 사는 사람입니다. 그런데 그리스도께서 우리에게 능력을 주십니다. 이 사실을 기억하시기 바랍니다. 그리고 날마다 그리스도를 의지하시기 바랍니다. 그리스도와 동행하시기 바랍니다.

그리고 우리 주님의 은혜는 풍성합니다. 이것은 단지 구호가 아닙니다. 그리스도께서 우리 가운데 오셨습니다. 그리고 우리를 위하여 죽으시고 승천하셨습니다. 그런데 이 풍성한 은혜가 성령으로 우리에게 오셨습니다. 우리를 죄에서 구하려 오신 예수 그리스도는 구원 받은 자녀를 위하여 성령을 주셨습니다. 우리를 도우시는 보혜사이신 성령이 우리와 함께 하십니다. 주님의 은혜는 구원과 구원 이후에 동일하게 풍성합니다. 이것은 우리의 믿음이 혼자 가는 것이 아니라 주님이 함께 하심을 의미합니다. 그러므로 은혜가 풍성하신 주님을 확신하는 믿음은 우리를 더욱 견고하게 해줍니다.

또한 우리 주님은 오래 참으시는 분입니다. 저는 이 말씀이 너무나 감사합니다. 오래 참아 주신 주님께 감사하지 않을 수 없습니다. 오늘도 믿음의 길을 포기하지 않는 것은 나를 포기하지 않으시는 예수님 때문입니다. 하나님의 영광을 위하여 달려 갈 수 있는 힘도 바로 나를 포기하지 않으시는 주님 때문입니다. 주님이 포기하지 않는다면 우리 역시 그 어떤 것도 포기할 수 없습니다. 주님의 나라와 영광을 위한 것이라면 우리는 끝까지 감당해야 합니다. 이 믿음이 우리 가운데 충만해야 합니다.

바울은 이러한 고백을 한 뒤에 모든 영광을 하나님께 돌리고 있습니다. "만세의 왕 곧 썩지 아니하고 보이지 아니하고 홀로 하나이신 하나님께 존귀와 영광이 세세토록 있어지이다 아멘' 오늘 우리가 주님이 맡겨주신 사명을 감당하고 무엇을 해야 하는지 잘 보여주는 모습입니다. 우리의 고백은 늘 하나님께 영광입니다.

하나님을 영화롭게 하는 것은 주신 말씀대로 사는 일입니다. 우리가 고백하는 예수 그리스도를 우리의 삶 가운데 살아 있게 하여야 합니다. 이것이 하나님을 영화롭게 하는 삶입니다. 우리를 능하게 하신 예수 그리스도, 우리에게 은혜를 풍성하게 주신 예수 그리스도, 우리를 오래 참으신 예수 그리스도와 함께 살아 갈 수 있는 우리의 여정이 되어야 합니다.

절박한 자에게
위로가 오다

눅16:21-31

한 부자가 있어 자색 옷과 고운 베옷을 입고 날마다 호화로이 연락하는데 나사로라 이름한 한 거지가 헌데를 앓으며 그 부자의 대문에 누워 부자의 상에서 떨어지는 것으로 배 불리려 하매 심지어 개들이 와서 그 헌데를 핥더라 이에 그 거지가 죽어 천사들에게 받들려 아브라함의 품에 들어가고 부자도 죽어 장사되매 저가 음부에서 고통 중에 눈을 들어 멀리 아브라함과 그의 품에 있는 나사로를 보고 불러 가로되 아버지 아브라함이여 나를 긍휼히 여기사 나사로를 보내어 그 손가락 끝에 물을 찍어 내 혀를 서늘하게 하소서 내가 이 불꽃 가운데서 고민하나이다 아브라함이 가로되 애 너는 살았을 때에 네 좋은 것을 받았고 나사로는 고난을 받았으니 이것을 기억하라 이제 저는 여기서 위로를 받고 너는 고민을 받느니라 이뿐 아니라 너희와 우리 사이에 큰 구렁이 끼어 있어 여기서 너희에게 건너가고자 하되 할 수 없고 거기서 우리에게 건너 올 수도 없게 하였느니라 가로되 그러면 구하노니 아버지여 나사로를 내 아버지의 집에 보내소서 내 형제 다섯이 있으니 저희에게 증거하게 하여 저희로 이 고통 받는 곳에 오지 않게 하소서 아브라함이 가로되 저희에게 모세와 선지자들이 있으니 그들에게 들을지니라

가로되 그렇지 아니하니이다 아버지 아브라함이여 만일 죽은 자에게서 저희에게 가는 자가 있으면 회개하리이다 가로되 모세와 선지자들에게 듣지 아니하면 비록 죽은 자 가운데서 살아나는 자가 있을지라도 권함을 받지 아니하리라 하였다 하시니라

성경은 우리로 하나님의 뜻을 정확하게 알고 그 뜻을 따라 살게 하기 위해 주어졌습니다. 하나님의 뜻을 알지 못하면 사람들은 저마다 자신의 소견에 옳은 대로 살아갑니다. 자신의 소견에 옳은 대로 사는 것은 언뜻 보면 자기 주관이 있는 것처럼 보일지 모르지만 무질서한 삶으로 이어지고 우상숭배와 같은 신앙을 가지게 됩니다. 성경은 이러한 왜곡된 신앙을 바로잡고 하나님의 뜻에 합당한 삶을 살 수 있게 합니다. 그러므로 우리가 건강한 신앙생활을 유지하고, 하나님의 뜻을 온전하게 알려면 무엇보다도 성경의 가르침을 잘 알고 있어야 합니다. 성경은 장식품이 아닙니다. 성경은 보기에 좋은 떡도 아닙니다. 성경은 사용할 때 그 진가를 알 수 있습니다. 보고 소유하는 것으로는 의미가 없습니다. 날마다 성경의 가르침을 들어야 합니다. 나에게 말씀하시는 하나님의 뜻이 무엇인지 살펴야 합니다. 그렇지 않으면 성경은 아무런 가치가 없습니다.

성경을 펼쳐 읽고, 들을 때 성경은 하나님의 거룩한 뜻을 알려줍니다. 그리고 이 땅에서의 삶이 어떠해야 하는지 영적

인 지혜를 알려줍니다. 성경은 이 땅에서 우리의 생명에 가장 큰 영향을 주는 양식입니다. 그러므로 우리가 삶의 흥미를 느끼지 못하고, 삶의 열정을 소유하지 못하고 냉소적이거나, 우울하게 되는 것은 현실의 무게 때문이 아닙니다. 그것은 하나님의 말씀이 말랐기 때문입니다. 아모스 선지자의 말씀처럼 물이 없는 기갈이 아니라 말씀이 없는 기갈입니다. 하나님의 말씀이 충만하게 흘러가지 못하므로 우리의 삶에 새순으로 돋지 못하게 하는 것입니다. 시원한 물 한 방울이 목말라 지쳐있는 영혼에게 얼마나 큰 힘이 되는지 모릅니다.

이렇듯 오늘 우리들에게 필요한 것은 말씀의 생수입니다. 말씀의 생수가 흘러나오지 않는 한 우리의 삶은 계속적으로 말라 갈 것입니다. 그러므로 혼란스러운 시대에 더욱 굳게 붙잡아야 할 것은 하나님의 말씀입니다. 이 말씀만이 우리를 세상의 족쇄에서 해방시키고 참된 자유를 가져다 줍니다. 우리가 모여서 말씀을 나누는 것은 바로 진리가 주는 참된 자유를 향유하면서 혼탁한 세상 가운데서 영적 갈증을 해소하기 위함입니다.

우리가 살펴볼 말씀은 우리에게 큰 위로와 도전을 주고 있습니다. 본문은 우리가 부자와 나사로의 이야기로 잘 알고 있는 말씀입니다. 이 말씀은 예수님께서 제자들에게 불의한 청지기에 대하여 말씀하신 후에(눅16:1-12) 하나님과 재물을 겸하여 섬길 수 없다고 결론을 내리십니다.(눅16:13) 바리새인들이 예수님의 말씀을 비웃자 이에 대해 예수님은 바리새인들을 책망합니다.

"예수께서 이르시되 너희는 사람 앞에서 스스로 옳다 하는 자이나 너희 마음을 하나님께서 아시나니 사람 중에 높임을 받는 그것은 하나님 앞에 미움을 받는 것이니라"(눅16:15)

이 말씀을 하신 후에 율법의 완성을 말씀하십니다. 그런 연후에 오늘 우리가 살펴보는 말씀인 부자와 나사로의 이야기가 나옵니다. 이러한 전반부의 내용을 인지하면서 이 말씀을 통하여 주시고자 하시는 하나님의 뜻을 알고자 합니다.

우선 본문을 살펴보기 전에 부자와 나사로의 이야기에 대한 관점을 살펴볼 필요가 있습니다. 본문에 대한 이해는 본문의 내용이 단지 하나의 비유에 불과한 것인지 아니면 역사적 사실인지에 근거한 비유인지에 대하여 갈라지고 있습니다. 대부분 본문의 내용은 불특정한 것을 말해주기 위한 비유라고 말합니다. 하지만 나사로라는 이름이 구체적으로 묘사된 것을 볼 때 역사적인 사건을 토대로 말씀하신 것이라고 보기도 합니다. 이렇게 두 개의 관점이 있습니다. 중요한 것은 어떠한 관점을 택한다 하더라도 전달하고자 하는 내용은 동일하다는 것입니다. 또한 본문을 보면서 부자는 천국에 들어갈 수 없고, 가난한 사람만이 천국에 들어가는 것이라고 단정해서는 안 됩니다. 물론 부자가 천국에 들어가는 것은 낙타가 바늘귀를 통과하는 것만큼 어려운 것은 사실입니다. 그렇다고 부자이기에 천국에 들어갈 수 없고, 가난하기에 무조건 천국에 들어간다는 의미는 전혀 아닙니다. 부자도 천국에 들어갈 수 있으며, 가난한 사람도 지옥에 떨어질 수 있습니다. 부의 유무는 천국과 깊은 관계가 없습니다. 또한 이 말씀을 과도하게 해석하려고 하는 시도를 피해야 합니다. 즉 내세의 모든 상태를 이 비유를 통하여 끄집어내는 일은 없어야 합니다.

본문을 좀 더 살펴 봅시다. 본문은 부자와 거지 나사로의 이야기입니다. 부자는 호의호식하며 살았습니다. 나사로는 구걸하여야 살 수 있는 처지였습니다. 그리고 두 사람은 죽게 되었습니다. 문제는 죽음 이후의 두 사람의 처지가 바뀐 것입니다. 나사로는 아브라함의 품에 안겨있었고, 부자는 음부에서 고난 가운데 있었습니다. 그리고 부자와 아브라함 사이에 대화가 오갑니다. 부자의 간절한 요청에 대해 "모세와 선지자들에게 듣지 아니하면 비록 죽은 자 가운데서 살아나는 자가 있을지라도 권함을 받지 아니하리라 하였다 하시니라"(31)는 아브라함의 답변으로 끝맺고 있습니다.

예수님은 부자와 나사로의 비유를 통하여 제자들과 논쟁 가운데 있는 바리새인들에게 분명한 가르침을 주고자 하였습니다. 그리고 그것은 예수를 따르고 있는 우리들에게도 동일하게 주시는 말씀입니다. 오늘날 많은 교회가 있지만 그리스도의 뜻에 합한 교회는 얼마나 되는지 우리는 물어보지 않을 수 없습니다. 우리 교회 역시 동일합니다. 우리 스스로에게 물어 봐야 합니다. 혹시 우리는 바리새인 교회는 아닌지, 바리새인 성도는 아닌지 자문하여야 합니다. 그리고 바리새인의 가면을 던지고 철저하게 하나님의 자녀로 살아야 합니다.

그런 의미에서 본문은 이 땅에서 그리스도인으로서 어떻게 살아야 하는지 분명하게 보여주는 말씀이라 할 수 있습니다. 본문을 통하여 그리스도인은 어떤 사람인지 살펴 봄으로써 다시 한 번 우리의 신앙을 돌아보고 우리 안에 있는 바리새인의 모습을 회개하는 시간이 되기를 소망합니다.

하나님을 향한 절박함

첫째, 그리스도인은 하나님을 향한 절박감을 가진 사람입

니다. 우리는 본문을 통하여 두 사람의 모습을 볼 수 있습니다. 부자는 여유가 흘러 넘치는 사람입니다. 그리고 또 한 사람 나사로는 삶에 있어서 아주 절박한 상태에 있습니다. 이를 잘 보여주는 표현이 "자색 옷과 고운 베옷을 입고 날마다 호화로이 연락하는데"입니다. 부자의 삶이 어떠한지를 분명하게 표현한 말입니다. 자색 옷과 고운 베옷은 당시의 가장 높은 권력층이 입던 옷입니다. 대표적으로 왕의 옷이 자색 옷으로 되어 있습니다. 더구나 부자는 날마다 호화로이 즐기며 살았습니다. 부자의 부가 얼마나 대단한지를 보여주는 장면입니다.

아마 모든 사람들이 이러한 삶을 흠모할 것입니다. 가고 싶은데 가고, 먹고 싶은 것 먹고, 놀고 싶을 때 노는 부자의 삶을 대부분 기대할 것입니다. 그만큼 부자의 모습은 부러움을 가지고 있습니다.

반면에 거지 나사로는 불쌍하기 그지 없는 모습을 하고 있습니다. 여기서 "거지" 라는 말은 "가난한 자"를 의미합니다. 가난한 나사로의 모습을 표현하는 말씀은 "헌데를 앓으며 그 부자의 대문에 누워 부자의 상에서 떨어지는 것으로 배불리려 하매 심지어 개들이 와서 그 헌데를 핥더라"입니다. 헌데는 상처가 나서 부스럼이 생긴 모습을 말씀합니다. 상처가 있어도 치료 받을 수 있는 상황이 아닙니다. 거기에 영양부족으로 더욱 힘든 상황입니다. 거지 나사로는 날마다 파티를 열고 있는 부자의 집 앞에서 남겨지는 음식을 먹고자 하였습니다. 그러나 얻을 수 없었습니다. 힘이 소진된 나사로는 개가 와서 그 상처를 핥아도 속수무책이었습니다.

우리 가운데 누가 이러한 삶을 원하겠습니까? 아무도 나사로와 같은 삶이 되기를 원치 않을 것입니다. 나사로는 가난하였을 뿐 아니라 아무도 알아주는 사람이 없었습니다. 무명의 사람입니다. 그렇게 살다가 사라져도 사람들의 기억 속에 있지 않는 사람이었습니다.

이들의 삶의 결과를 우리가 알 수 없었다면 아마도 우리 가운데 대부분은 나사로의 삶 보다는 부자의 삶을 원하였을 것입니다. 하지만 성경은 부자의 이름은 기록하지 않았지만 거지 나사로의 이름은 남겨주었습니다. 나사로는 사람에게는 잊어버린바 되었지만 하나님께는 기억된 존재가 되었습니다. 그리고 천국에 들어갔습니다. 부자는 영원한 지옥으로 떨어졌습니다. 이러한 상황에서 다시금 어떠한 삶을 살기를 원하느냐고 묻는다면 어떻게 대답하시겠습니까?

늘 보이는 것을 쫓으며 살았던 우리에게 있어서 이 말씀은 쉬운 내용은 아닙니다. 하지만 우리의 정체성을 확인하는데 있어 매우 중요한 말씀입니다. 부자가 하나님께 기억되지 못하고, 나사로는 하나님께 기억된 이유는 무엇입니까? 성경은 부자의 근심, 부자의 비웃음, 부자의 교만에 대하여 자주 언급합니다. 예수님께로 와서 제자가 되겠다고 하였던 부자 청년의 근심을 우리는 알고 있습니다. 모든 것을 버려두고 나를 따르라고 하였을 때 부자 청년은 쌓아놓은 돈이 걱정이 되어서 예수 믿는 것을 포기하였습니다.(마19:22) 하나님과 재물을 겸하여 섬길 수 없다는 예수님의 말씀에 바리새인들은 돈을 사랑하므로 비웃었습니다.(눅16:14) 성경은 부자의 재물은 그의 견고한 성(잠10:15)이라고 말씀합니다.

부자에게 있어서 하나님은 자신의 삶에 그렇게 절실한 존재가 아니었습니다. 있어도 좋고, 없어도 자신의 삶에 부족함이 없었습니다. 매일 매일 즐기는 삶이 모든 근심을 다 씻어주었기 때문입니다. 하나님이 필요한 이유를 발견하지 못한 것입니다. 그러므로 나사로를 통하여 하나님을 만날 수 있는 기회를 주었어도 부자는 관심이 없었습니다. 작은 자들로 찾아오신 예수님을 만날 수 없었던 것입니다.

하지만 나사로는 달랐습니다. 나사로는 '절박'하였습니다. 그에게는 하나님 한 분 외에는 없었습니다. 그의 탄식함은 하나님을 향한 탄식이었습니다. 나사로는 비록 세상의 즐거움을 누리지는 못했지만 하나님을 향한 믿음만큼은 흔들리지 않았습니다. 너무 가난하여 남의 도움이 필요한 상황이 되었음에도 불구하고 나사로는 믿음을 포기하지 않았습니다. 나사로에게 남아있는 것은 오직 하나님을 향한 절박한 믿음이었습니다. 하나님은 이러한 나사로의 탄식함을 들으셨고 그를 기억하셨습니다. 그의 이름이 기록된 이유입니다. 하나님을 향한 탄식함이 있어야 합니다.

저희 할머니는 저에게 있어서 기도의 산성이었습니다. 할머니의 기도로 살았다 해도 과언이 아닐 정도였습니다. 그래서 농담으로 나는 기도 안 해도 할머니가 기도하니까 잘 될 것이라는 그릇된 자세도 가졌습니다. 그런데 갑자기 할머니가 돌아가신 후부터 어떻게 해야 할지 몰랐습니다. 갑자기 영적인 공황이 온 것을 느꼈습니다. 그때부터 기도하지 말라고 해도 기도하였습니다. 너무나 절박하였습니다. 기도의 동역자가 사라지고 나서 나타나는 두려움으로 기도하지 않고는 살 수 없었습니다. 보이는 것이 중요하지 않았습니다. 정말 중요한 것은 하나님의 도우심이었습니다. 그러기에 기도하지 않을 수 없었습니다. 아마 그 때의 하나님을 향한 절박감이 저를 지켜주었던 것 같습니다

하나님을 향한 절박감이 모진 고난의 시간을 이기게 하였습니다. 사람들이 알아주지 않아도 하나님을 알고 있다는 이 믿음이 하나님을 더욱 붙잡게 하였습니다. 그리고 끝까지 흔

들리지 않게하여 주었습니다.

　돈을 좋아했던 바리새인들에게 예수님의 이 말씀은 분명 충격이었습니다. 돈과 명예는 이 세상에서는 혹 힘을 쓸 수 있을지 모릅니다. 그러나 하나님께는 가치가 없습니다. 하나님이 원하시는 것은 하나님 없이는 살 수 없는 절박감, 하나님만이 우리의 모든 것을 지켜주신다는 절박감입니다. 하나님은 이러한 절박한 믿음으로 사는 이들의 이름을 기억하십니다. 그래서 무명한 자 같으나 유명한 자로 인정하시는 것입니다.

　이제 우리의 삶을 바라봅시다. 지금 절박하게 구하고 찾고 있는 것이 무엇입니까? 어떠한 절박함을 가지고 있습니까? 하나님을 향하여 절박함을 가지고 있습니까? 하나님은 우리의 절박한 소리에 응답하십니다. 그것이 무엇이든지 상관없습니다. 하나님을 향하여 절박한 심령으로 탄식한다면 하나님은 우리의 탄식소리를 들으실 것입니다.

　그런 의미에서 십자가는 절박함의 표지입니다. 구원에 대한 절박함, 자유에 대한 절박함, 현실에 대한 절박함이 바로 십자가에 있습니다. 십자가는 우리로 하여금 이 모든 절박함에서 해방시켜줍니다.

　십자가는 예수님만이 참된 소망이며, 행복임을 확증하여 줍니다. 이 믿음이 우리로 하여금 헛된 인생을 살지 않게 합니다. 오늘 우리에게 정말 필요한 것은 바로 하나님을 향한 절박함, 십자가에 대한 절박함입니다. 이것이 지금은 더욱 절실하게 필요합니다. 우리가 믿음의 여정 가운데 침체에 빠지거나, 게을러지는 지는 것은 이 절박함이 소실되었기 때문입니다. 예수 그리스도의 십자가 없이는 우리는 어떠한 자유도 누릴 수 없고, 어떠한 평안도 얻을 수 없다는 이 절박함이 있다면 우리는 영적인 게으름에 오래 머무를 수 없습니다. 그리고 세상 죄와의 싸움에서 포기하지 않습니다.

우리에게 다시금 회복되어야 할 것이 있다면 바로 이 절박함입니다. 비록 우리의 삶이 나사로와 같이 어려워지는 한이 있더라도 우리에게 필요한 것은 하나님을 향한 그리고 십자가에 대한 절박함입니다. 이것이 우리를 살게 합니다. 그리고 영광의 자리에 이르게 합니다. 십자가에 대한 절박함이 하늘의 영광을 보게 합니다. 하나님을 향한 절박함을 붙잡기를 소망합니다.

하나님의 위로

둘째, 그리스도인은 하나님의 위로를 간직한 사람입니다. 우리가 본문을 보면서 고백하지 않을 수 없는 한 가지는 그리스도인의 인생이 부자가 아니라 나사로라는 사실입니다. 날마다 파티를 즐기는 인생이 아니라 세상이 주는 끝없는 유혹 가운데 하나님을 향하여 날마다 가까이 가는 인생입니다. 세상에서 알아주는 삶이 아니라 하나님이 인정해주시는 삶을 사는 것이 바로 그리스도인의 삶입니다.

이것이 사실이라면 우리는 어떻게 이 현실을 이기며 살아갈 수 있습니까? 우리는 나사로의 삶을 좀 더 자세하게 살펴보아야 합니다. 나사로는 굶고 아픈 가운데 죽었습니다. 그런데 그의 죽음을 묘사하는 장면이 위대합니다.

"이에 그 거지가 죽어 천사들에게 받들려 아브라함의 품에 들어가고 부자도 죽어 장사되매 저가 음부에서 고통 중에 눈을 들어 멀리 아브라함과 그의 품에 있는 나사로를 보고" (20-21)

나사로의 죽음에 대하여 천사들이 동원하여 아브라함의 품에 안기게 합니다. 이 말씀은 매우 상징적입니다. 유대인들은 자신들이 가장 존귀하게 여기는 아브라함의 품에 안기는 것을 가장 소중하게 생각하였습니다. 그런데 나사로가 그러한 최고의 축복을 받은 것입니다. 천사들에게 받들려 아브라함 품에 들어간 나사로의 모습은 이 비유를 듣고 있는 바리새인들에게는 큰 충격이었을 것입니다.

부자도 죽었습니다. 그러나 그는 아브라함의 품이 아니라 음부에 떨어집니다. 그는 그곳에서 고통 가운데 있다가 아브라함 품에 안긴 나사로를 봅니다. 그리고 간절히 요청합니다.

"아버지 아브라함이여 나를 긍휼히 여기사 나사로를 보내어 그 손가락 끝에 물을 찍어 내 혀를 서늘하게 하소서 내가 이 불꽃 가운데서 고민하나이다"(24)

부자의 고통이 얼마나 절박한지를 보여주는 장면입니다. 물 한 방울에 대한 절박함이 묻어있는 장면입니다. 그러나 이에 대하여 아브라함은 말합니다.

"아브라함이 가로되 얘 너는 살았을 때에 네 좋은 것을 받았고 나사로는 고난을 받았으니 이것을 기억하라 이제 저는 여기서 위로를 받고 너는 고민을 받느니라"(25)

부자는 아브라함에게 한 가지도 도움을 받지 못합니다. 사실 아브라함이 할 수 있는 일이란 없습니다. 유대인들이 가지고 있는 무지를 깨우쳐주는 말씀이기도 합니다. 우리의 생사 회복을 주관하시는 분은 오직 하나님 한 분이십니다. 여기서 주님은 아브라함을 통하여 놀라운 사실을 알려주십니다. 그것

은 나사로가 받은 위로와 부자가 받은 고난입니다. 이것은 삶
이 역전된 모습을 잘 보여주고 있습니다.

부자는 살았을 때 좋은 것을 받았습니다. 그러나 나사로
는 고난을 받았습니다. 이 말씀은 부자가 살았을 때 감당해
야 할 일을 하지 않았음을 책망하는 말씀입니다. 부자에게는
부여된 책임이 있습니다. 그것은 가난한 자와 과부를 도와주
는 일입니다.

"너희 중에 분깃이나 기업이 없는 레위인과 네 성중에 우거하
는 객과 및 고아와 과부들로 와서 먹어 배부르게 하라 그리하면 네
하나님 여호와께서 너의 손으로 하는 범사에 네게 축복을 주시리
라" (신14:9)

성경은 물질을 사용함에 있어서 언제나 고아와 과부 그리
고 가난한 자에 대한 배려를 강조하고 있습니다. 가난한 사람
들은 항상 있을 것입니다.(신15:11) 그리고 이들에 대한 나눔
은 바로 있는 자들의 몫입니다. 그러나 부자는 이러한 가르침
과는 상관없는 삶을 살았습니다. 나사로의 죽음은 부자의 삶
이 얼마나 죄악 된 것인지 말하고 있습니다. 자기 경내에 있는
객과 고아 그리고 가난한 자를 돌보라는 말씀을 우습게 여기

고 자신만을 위하는 부자에게는 어떠한 위로도 없습니다. 그에게는 오직 고통만 있을 뿐입니다.

완벽한 위로

그러나 나사로는 하나님의 위로를 받았습니다. 사람들이 주지 않았던 위로를 하나님으로부터 받았습니다. 지금 주님은 "하나님의 위로"가 있다는 사실을 알려주고자 하십니다. 더 이상 고난이 나사로를 힘들게 하지 못합니다. 하나님의 위로가 나사로를 보호하기 때문입니다. 더 이상 절망하거나 슬픔의 눈물을 흘리지 않습니다. 하나님의 위로가 나사로와 함께하기 때문입니다. 아브라함의 품에 안긴 나사로의 모습을 상상해 보시기 바랍니다. 나사로는 영원한 안식을 누리고 있습니다.

나사로가 현실 가운데 다가왔던 모진 고난을 이긴 것은 바로 하나님의 위로를 보았기 때문입니다. 하나님의 위로가 현실을 이기는 힘이 됩니다. 하나님의 위로는 세상이 주는 단편적이고 잠깐 있다가 사라지는 위로가 아닙니다. 영원한 위로이며, 완벽한 위로입니다. 그러므로 바울은 그리스도를 위하여 현재 받는 고난은 장차 올 영광에 비하면 아무것도 아니라고 한 것입니다.

나사로의 인생을 살아가는 그리스도인이 이 땅에서 담대하게 살 수 있는 힘은 바로 하나님의 위로가 있기 때문입니다. 그리스도인은 하나님의 위로를 간직하며 살아갑니다. 비록 우리의 현실이 어렵고 힘들고 때때로 보이지 않는 하나님의 약속 때문에 지칠 수 있습니다. 그러나 이 모든 것을 아시고 기다려 주시고 회복해 주시는 하나님의 위로가 있습니다. 모든 고통과 고난과 아픔과 슬픔과 걱정과 두려움을 다 씻어 줄 그 위로가 있습니다. 이것은 변할 수 없는 약속입니다.

그리스도인이 담대할 수 있는 이유는 그가 많은 것을 소유하였기 때문이 아닙니다. 그렇다고 많이 배운 것도 아닙니다. 잘 생긴 것도 아닙니다. 대단한 인맥을 가지고 있기 때문도 아닙니다. 그리스도인이 담대한 이유는 우리의 눈에서 눈물을 다 씻겨주시고, 우리의 무거운 짐을 가볍게 해주시고, 우리로 하여금 참된 평화를 누리게 해 주시는 하나님의 위로를 가지고 있기 때문입니다.

그런데 하나님의 위로가 지금 우리 가운데 있습니다. 바로 예수님의 십자가입니다. 예수님의 십자가가 바로 하나님의 위로입니다. 하나님의 위로는 단지 죽음 이후에 오는 것이 아니라 지금 이 땅에서 누리는 것입니다. 십자가는 우리로 하여금 죄와 싸울 수 있는 힘을 공급하고, 하나님이 함께 하신다는 확신을 주며, 끝까지 보호하신다는 약속이 됩니다. 내가 당해야 할 모든 것을 예수님이 대신 당하셨습니다. 그리고 우리를 사랑하시되 끝까지 사랑하신다고 약속하셨습니다. 그 어떤 세상의 권세에서도 지켜주시겠다고 말씀하셨습니다. 그리고 그 모든 것은 십자가 위에서 실천하셨습니다. 그러므로 누구든지 하나님의 위로인 십자가를 간직하고 있다면 경쟁 사회 속에서 우리는 주눅 들지 않을 것입니다. 그리고 절망하지 않습니다. 세상은 위로가 없기에 우왕좌왕합니다. 온갖 우상을 섬기며 허우적거립니다. 그러나 그리스도인은 참된 위로를 소유하고 있습니다. 이것이 담대하게 살아가는 힘입니다. 그러므로 이기적인 세상을 부러워하거나, 두려워할 이유가 없습니다. 우리에게는 하나님의 위로가 있습니다.

구원의 길, 말씀

셋째, 그리스도인은 하나님의 말씀을 듣고 자신을 책망하고 회복하는 사람입니다. 본문의 말씀 가운데 아주 의미심장한 내용이 있습니다. 그것은 죽은 부자가 아브라함에게 자신의 가족들을 위하여 애원하는 장면입니다. 부자는 나사로를 자신의 집에 보내어 고통 받는 이곳에 오지 않도록 해달라고 애원합니다. 그러나 아브라함은 저희에게 이미 모세와 선지자들이 있으니 그들에게 들으면 된다고 말씀하십니다. 그러자 부자는 죽은 자가 살아서 가서 말해줘야 듣고 회개 할 것이라고 간청합니다. 하지만 아브라함은 매우 분명한 어조로 대답합니다. 31절입니다.

"모세와 선지자들에게 듣지 아니하면 비록 죽은 자 가운데서 살아나는 자가 있을지라도 권함을 받지 아니하리라 하였다 하시니라"

우리는 참으로 애처로운 한 인간의 모습을 보고 있습니다. 자신에게 주어진 부의 즐거움 속에 빠져 호화로이 살았던 부자의 피 맺힌 모습을 보시기 바랍니다. 죽은 뒤에는 아무 소용이 없습니다. 어떠한 결과의 변화가 없습니다. 심판 뒤에는 영원한 형벌과 영원한 천국만이 있을 뿐입니다. 우리는 이 사실을 기억해야 합니다.

부자에게 들려진 말은 하나님의 말씀을 듣지 않는다면 그 어떠한 기적이 있다 하더라도 구원에 이를 수 없다는 것입니다, 그리스도인이 되는 길은 말씀을 듣는 일에서 시작합니다. 말씀이 구원에 이르는 길을 알려주기 때문입니다. 바울 사도는 로마 교회에 보내는 편지에서 누구든지 주의 이름을 부르는 자는 구원을 얻을 것이라고 하였습니다.

"그러므로 믿음은 들음에서 나며 들음은 그리스도의 말씀으로 말

미암았느니라" (롬10:17)

　하나님의 말씀이 생명을 낳는 일을 합니다. 그 어떤 것도 구원에 이르게 하지 않습니다. 오직 말씀이 우리로 하여금 구원에 이르게 합니다. 우리에게 주신 말씀을 듣고, 믿을 때 구원에 이르게 되고, 구원 받은 자로 살 수 있게 합니다. 말씀을 들으면서 회개하지 않는 자가 무엇으로 회개할 수 있겠습니까? 또한 회개의 말씀이 없이 회개를 알 수 있겠습니까? 그러므로 말씀이 없이 구원은 불가능합니다. 부자의 어리석음은 말씀을 믿지 못함에 있습니다. 반면에 나사로는 하나님의 말씀을 믿었습니다. 약속의 말씀에 대하여 고통 가운데서도 의심하지 않고 믿었습니다. 이 믿음이 구원에 이르게 한 것입니다.

　그런 의미에서 그리스도인은 하나님의 말씀을 듣고 자신을 책망하고 회복하는 사람이라 할 수 있습니다. 그리스도인의 진가는 다른데 있지 않습니다. 이상한 환상을 보았다거나 기적에 있는 것이 아닙니다. 하나님의 말씀을 듣고 믿으며 순종하는 것에 있습니다. 이것이 그리스도인의 본질입니다. 그리스도인은 언제나 말씀으로 자신을 살피고, 책망하고, 회개에 이르며 회복의 자리로 나갑니다. 말씀에 자신을 맡기는 것이 바로 그리스도인입니다.

그런데 우리는 때때로 부자의 어리석음에 빠질 때가 있습니다. 외적인 성공에 속아서 말씀 없이도 살 수 있다는 생각을 합니다. 그러나 다 속임수입니다. 거짓입니다. 그리스도인은 온전히 말씀에 기반하여 살아야 합니다.

성경에는 구원받기 위해 알아야 할 모든 것이 다 있습니다. 구원받은 자로서 어떻게 살아야 할지를 알려주는 말씀도 다 있습니다. 하나님 나라의 자녀로서 살아갈 모든 말씀이 충분합니다. 다른 그 어떤 것이 필요하지 않습니다. 그러므로 우리가 수고하고 힘써야 할 것은 말씀을 듣고 읽고 씨름하는 것입니다. 날마다 하나님을 하는 지식 가운데 자라기 위하여 애써야 합니다.

오늘날 점점 말씀이 외면당하고 있습니다. 그것도 교회에서 외면당하고 있습니다. 말씀을 바르게 풀어서 상고하여야 하는데 그러한 일을 하기 보다는 가볍고 편하게 생활하고자 합니다. 다행히 최근에 교리에 대한 중요성이 다시 부각되고, 설교의 소중함에 대한 인식이 살아나고 있어 감사하지만 아직도 많은 부분에서 말씀의 중요성이 약해지고 있는 것을 봅니다. 이러한 시대에 더욱 힘써 말씀의 자리에 서는 것이 중요합니다. 그리스도인 됨을 더욱 분명하게 드러내는 은혜가 있기를 소망합니다.

나사로와 같은 인생

부자와 거지 나사로의 이야기를 살펴보았습니다. 현실에서의 부자의 여유와 나사로의 절박함은 죽음 이후에 전혀 다른 결과를 맞이한 것을 보았습니다. 음부에서 고통을 받고 있는 부자의 절박함에서 그 어떤 것도 이룰 수 없음을 봅니다.

그리스도인은 하나님에 대하여 절박감을 가진 존재입니다. 그리고 하나님의 위로를 간직한 존재입니다. 동시에 말씀으로 자신을 돌아보는 자입니다. 우리는 이 사실 앞에 우리 자신을 비춰 보아야 합니다. 그리고 우리의 모습을 다시금 살펴야 합니다.

우리 모두 이 땅에서 나사로와 같은 인생을 걸어갑니다. 그러나 이것은 슬픔이 아닙니다. 영광으로 가는 길입니다. 묵묵히 십자가를 지신 예수를 하나님께서 지극히 높여 주셨듯이 우리가 믿음으로 그리스도를 따라간다면 마침내 우리에게 하나님의 위로가 충만하게 임할 것입니다. 그리스도인으로 살아가는 것은 영광으로 가는 길입니다. 그러나 이 땅에서 그 영광을 모두 다 보지는 못합니다. 때때로는 세상에서 아픔을 당할 수 있고, 조롱도 당할 수 있습니다. 하지만 그 영광은 반드시 주어집니다. 그 길을 우리 주님께서 친히 가셨고, 믿음의 선배들이 따라갔습니다. 이제 우리들이 갈 차례입니다. 비록 나사로와 같은 인생으로 끝난다 할지라도 믿음의 길을 걸어 갈 수 있어야 합니다. 하나님이 기억하고 있으며 하나님의 위로가 있음을 기억하시면서 오늘 믿음의 길을 걸어 갈 수 있어야 합니다. 이것이 바로 믿음의 선물입니다.

십자가 없이
영광은 없다

마16:24-25, 신8:1-10

이에 예수께서 제자들에게 이르시되 아무든지 나를 따라 오려거든 자기를

부인하고 자기 십자가를 지고 나를 좇을 것이니라 누구든지 제 목숨을 구

원코자 하면 잃을 것이요 누구든지 나를 위하여 제 목숨을 잃으면 찾으리라

내가 오늘날 명하는 모든 명령을 너희는 지켜 행하라 그리하면 너희가 살고

번성하고 여호와께서 너희의 열조에게 맹세하신 땅에 들어가서 그것을 얻

으리라 네 하나님 여호와께서 이 사십 년 동안에 너로 광야의 길을 걷게 하

신 것을 기억하라 이는 너를 낮추시며 너를 시험하사 네 마음이 어떠한지

그 명령을 지키는지 아니 지키는지 알려 하심이라 너를 낮추시며 너로 주리

게 하시며 또 너도 알지 못하며 네 열조도 알지 못하던 만나를 네게 먹이신

것은 사람이 떡으로만 사는 것이 아니요 여호와의 입에서 나오는 모든 말

씀으로 사는 줄을 너로 알게 하려 하심이니라 이 사십 년 동안에 네 의복이

해어지지 아니하였고 네 발이 부릍지 아니하였느니라 너는 사람이 그 아들

을 징계함 같이 네 하나님 여호와께서 너를 징계하시는 줄 마음에 생각하고

네 하나님 여호와의 명령을 지켜 그 도를 행하며 그를 경외할지니라 네 하

나님 여호와께서 너로 아름다운 땅에 이르게 하시나니 그곳은 골짜기에든

지 산지에든지 시내와 분천과 샘이 흐르고 밀과 보리의 소산지요 포도와 무

화과와 석류와 감람들의 나무와 꿀의 소산지라 너의 먹는 식물의 결핍함이

없고 네게 아무 부족함이 없는 땅이며 그 땅의 돌은 철이요 산에서는 동을

캘 것이라 네가 먹어서 배불리고 네 하나님 여호와께서 옥토로 네게 주셨음

을 인하여 그를 찬송하리라

결혼을 앞둔 사람들이 한결 같이 꿈꾸는 것이 있다면 사랑
과 행복이 날마다 샘솟는 가정일 것입니다. 그러한 꿈이 없다
면 어떻게 결혼을 할 수 있겠습니까? 그런데 원대한 기대만큼
사랑과 행복이 지속되지 못하는 것을 볼때 정말 속이 상합니
다. 때로는 눈물이 앞을 가리기도 합니다. 이런 게 아닌데 왜
이러지? 많은 생각들이 떠오르기도 합니다. 이렇게 위기가 순
간순간 찾아옵니다. 그러다 위기의 원인을 찾아 해결하면 또
다시 봄날의 햇볕처럼 따스함을 누립니다. 이렇게 결혼 생활
은 또 다시 시작됩니다.

팔구십이라는 긴 인생을 살아갈 수 있는 능력은 한결같은
행복이 있어서가 아닙니다. 위기를 극복하기 때문에 이어 갈
수 있습니다. 이것은 우리의 삶에도 동일합니다. 죽고 싶을 정
도의 어려움이 찾아 왔을 때 그것을 어떻게 맞이하고 극복하
느냐가 중요합니다. 우리는 왜 이러한 어려움이 나에만 있냐
고 생각할 때가 많습니다. 그러나 고난은 모두에게 있습니다.

내가 겪는 고난과 같은 일들이 다른 사람에게도 다 있습니다. 다만 내 눈에 그렇게 보이지 않을 뿐입니다. 중요한 것은 고난을 어떻게 이해하고 이기느냐는 것입니다.

우리의 신앙생활도 이와 비슷합니다. 가끔 교회를 세우라고 지시한 후에 하신 예수님의 말씀에 의문을 제기할 때가 있었습니다. 왜 예수님을 따르는데 십자가를 짊어져야 합니까? "아무든지 나를 따라 오려거든 자기를 부인하고 자기 십자가를 지고 나를 좇을 것이니라" 이 말씀이 참으로 이해하기 어렵고 힘들었습니다. 예수님을 따르는 것이 즐겁고 행복한 일이 되어야지 왜 십자가를 지는 일이 되어야 하는가? 꼭 그렇게 말씀하셔야만 하는지 의문이 들었을 때가 있었습니다. 이것은 마치 결혼을 하는 신랑, 신부에게 앞으로 결혼은 십자가를 지는 것이라고 말하는 것과 다를 것이 없습니다. 예수님 믿음으로 위로를 얻고자 하는 이들에게 십자가의 고난을 말하는 것은 예수 믿지 말라는 뜻으로 들릴 수 있습니다. 그래서 현대 교회는 십자가를 잘 말하지 않습니다. 혹 십자가를 말해도 십자가의 구원을 말하지 십자가의 고난은 말하지 않습니다.

그렇다면 예수님께서 굳이 "아무든지 나를 따라 오려거든 자기를 부인하고 자기 십자가를 지고 나를 좇을 것이니라"고 말씀하신 이유가 무엇일까요?

신앙의 여정에 드리운 십자가

첫째로 십자가 없이 예수 믿음은 없습니다. 십자가는 예수 믿음의 증거입니다. 예수님께서는 제자로서의 삶을 요구하시면서 두 가지 조건을 제시하십니다. 하나는 자신을 부인하는 것이고 둘째는 십자가를 지는 것입니다. 이것이 준비되어야 제자로서의 삶을 살 수 있습니다. 이 두 가지는 쉬운 일이 아닙니다. 자신을 부인하는 것은 본성에 따라 사는 것을 거절하는 일입니다. 우리의 본성은 부귀영화를 추구합니다. 좀 더 쉽고 편안 삶을 원합니다. 누구도 부정할 수 없는 사실입니다. 세상에서 충분한 위로를 얻고자 몸부림치며 살아갑니다. 그래서 조금씩 삶의 질이 나아지는 것을 복이라고 생각합니다. 우리는 그렇게 세상의 가치와 우리의 본성에 충실하며 살아갑니다.

그런데 예수의 제자가 되려면 이러한 본성을 부인하여야 합니다. 철저하게 거절해야 합니다. 그렇지 않고서 예수의 제자가 될 수 없습니다. 세상의 가치대로 살지 않겠다는 선언이 있어야 합니다. 이것이 바로 자신을 부인하는 모습입니다. 또한 자기를 부인하는 것은 자신에 대한 의지를 포기하는 삶을 의미합니다. 자신을 믿고 살아가는 것이 아니라 자신이 얼마나 추한 죄인인지 알고 온전히 하나님께 자신을 맡기는 것을 의미합니다. 이렇게 본다면 자기부인은 '자신의 본성과 자신을 의지하는 것을 포기하고 온전히 하나님의 뜻을 따라 순종하는 삶'이라 할 수 있습니다. 이것이 예수 믿음의 첫 번째 모습입니다.

이제 적극적인 측면에서 두 번째 모습을 살펴보고자 합니다. 자신을 부인하는 것이 소극적인 측면이라고 한다면 좀 더 적극적인 모습은 '십자가를 지는 일'입니다. 자신이 져야 할 십자가를 지는 것이 예수 믿음의 진정한 모습입니다. 십자가를 지는 일은 실천적 측면이 강합니다. 십자가를 지는 일 없이 예수 믿음은 없습니다. 십자가를 진다는 것은 십자가의 삶을 산다는 것을 의미하기 때문입니다.

그런 의미에서 우리는 질문할 수 있습니다. 십자가가 의미하는 것이 무엇이기에 십자가 없이 예수 믿음이 없다고 하는가? 사실 예수님께서 이 말씀을 하셨을 때는 아직 십자가를 지지 않은 상태였습니다. 이러한 상황에서 십자가를 말씀하신 것은 십자가의 보편성을 말해줍니다. 그것은 바로 "고난"을 의미합니다. 십자가의 일반적 의미는 저주와 고난입니다. 이렇게 본다면 십자가를 지라는 것은 고난의 길을 가라는 것과 같습니다. 믿음의 길에는 영적인 고난이 함께합니다. 사실 고난이 없는 신앙의 길이란 없습니다. 예수님은 앞서서 이 고난의 길을 묵묵히 가셨습니다.

예수 믿으면 고난이 오는 것은 지극히 당연한 일입니다. 동시에 이것은 내가 예수님을 제대로 믿고 있다는 징표이기도 합니다. 그러므로 나를 따라오려거든 자기 십자가를 지고 따르라고 하신 것입니다. 세상은 예수님을 싫어합니다. 그것은 예수님께서 세상을 향해 책망하시기 때문입니다. 세상의 죄를 지적하고 그것을 꾸짖고 죄로부터 돌이킬 것을 요구하기 때문입니다. 예수님은 이 사실을 우리에게 알려 주셨습니다.

"내가 아버지의 말씀을 저희에게 주었사오매 세상이 저희를 미워하였사오니 이는 내가 세상에 속하지 아니함 같이 저희도 세상에 속하지 아니함을 인함이니이다"(요17:14)

세상은 자신의 추함을 드러내기 싫어하므로 예수님을 싫어합니다. 그렇기에 예수 믿는 사람들을 싫어합니다. 예수님을 믿으려면 이러한 고난이 있음을 알아야 합니다. 이것을 알고 믿는 것이 바로 자신의 십자가를 지는 일입니다.

그러나 십자가를 지고 따르라고 하는 것은 단지 고난이 있음을 알려주려는 것이 아닙니다. 그것은 십자가의 일차적 의미입니다. 그러나 여기에는 두 번째 중요한 의미가 있습니다. 십자가를 지고 따르는 것에는 영적 훈련이 함의되어 있습니다. 단지 예수 믿음이 고난으로 끝난다면 그것은 하나님의 본성에 어긋나게 되며 하나님의 공의와 사랑은 공존할 수 없게 됩니다. 예수 믿는 자가 짊어져야 할 십자가는 영적인 훈련으로서 하나님의 자녀들을 특별하게 사랑하시는 표현입니다. 우리는 그 사실을 이스라엘 백성을 훈련시키신 이유에서 알 수 있습니다.

광야 훈련

하나님은 이집트의 고난 가운데서 살려달라고 부르짖었던 이스라엘 백성들을 불쌍히 여기시고 구원하여 주셨습니다. 그리고 희망의 땅인 가나안을 약속하여 주셨습니다. 이집트에서 2주면 갈 수 있는 가나안을 40년 동안이나 보류하시면서 광야 생활을 하게 하셨습니다. 이집트에서의 생활 못지않은 고난의 여정이었습니다. 그리고 마침내 40년의 세월이 흘러서 약속의 땅인 가나안에 도착합니다. 도대체 이러한 고난을 주신 이유가 무엇입니까? 물론 이스라엘이 하나님의 말씀을 따르지 않았기 때문입니다. 그런데 여기에는 중요한 하나님의 뜻이 있었습니다. 그것이 바로 신명기 8장에 기록되어 있습니다. 2-3절의 말씀을 보겠습니다.

"네 하나님 여호와께서 이 사십 년 동안에 너로 광야의 길을 걷게 하신 것을 기억하라 이는 너를 낮추시며 너를 시험하사 네 마음이 어떠한지 그 명령을 지키는지 아니 지키는지 알려 하심이라 너를 낮추시며 너로 주리게 하시며 또 너도 알지 못하며 네 열조도 알지 못하던 만나를 네게 먹이신 것은 사람이 떡으로만 사는 것이 아니요 여호와의 입에서 나오는 모든 말씀으로 사는 줄을 너로 알게 하려 하심이니라"

하나님께서 광야 40년을 걷게 하셨다고 말씀하십니다. 그리고 그 이유를 분명하게 언급하십니다. 첫째는 겸손하게 만들기 위함입니다. 겸손은 자신을 철저하게 낮추며 전적으로 하나님을 의존하는 삶입니다. 성경은 교만은 패망의 길이지만 겸손한 자에게 구원을 약속하셨습니다(시149:4). 성경은 겸손한 자가 구원의 영광을 볼 수 있음을 반복하여 증거 합니다. 왜냐하면 타락한 인간은 결코 겸손의 자리에 나오지 못하기 때문입니다. 끝까지 자신을 믿고 신뢰합니다. 죽는 순간까지도 겸손해지지 않습니다. 하지만 겸손해지지 않고서는 구원의 영광을 볼 수 없습니다. 하나님께서 사랑하는 자녀들에게 고난을 주시는 것은 겸손하게 하기 위함이며 구원의 영광을 주기 위함입니다. 그러므로 고난이 유익이 되는 이유가 여기에 있습니다. 고난이 와야 우리의 악한 본성이 꺾이고 겸손해집니다. 우리는 얼마나 악한지 고난이 없이는 겸손해지지 않습니다. 하나님은 이 사실을 너무나 잘 알기에 겸손하게 하기 위해 고난을 주신 것입니다.

두 번째는 존귀한 신앙으로 세우기 위한 훈련입니다. 하나님은 이스라엘 백성들을 시험하셨습니다. 고난을 통하여 믿음을 확인하시는 것입니다. "네 마음이 어떠한지 그 명령을 지키는지 아니 지키는지 알려 하심이라"는 말씀에서 볼 수 있듯이 하나님은 자신의 자녀들이 바른 믿음 위에서 살고 있는지 아시고자 때때로 고난을 통하여 시험하십니다. 사실 이것은 우리의 일상의 모습을 통해서도 잘 알 수 있습니다.

작년에 큰 돈을 들여 교회 외벽 방수 공사를 했습니다. 업자는 걱정하지 말라고 하면서 일을 하였습니다. 제가 알 수 있는 분야가 아니기에 믿음으로 맡겼습니다. 업자 역시 하자가 생기면 보수하겠다고 했기 때문에 그렇게 믿고 공사를 맡겼습니다. 공사는 시간 안에 잘 마쳤습니다. 모든 것이 좋아 보였습니다. 이제 비가 와도 걱정이 없을 것 같았습니다. 공사를 마친 후 얼마 뒤 비가 왔습니다. 기대한 대로 비가 새지 않아 매우 기분이 좋았습니다. 그런데 얼마 후에 큰 비가 내리자 곳곳에서 비가 새는 것입니다. 제대로 공사하지 않았다는 증거입니다. 그래서 보수를 요청하였는데 말만하고 아직까지 하지 않고 있습니다. 큰 비 때문에 공사의 질적 부분이 드러날 뿐만 아니라 웃으면서 약속하였던 업자의 내면을 알게 되었습니다. 덕분에 얼마나 정직하지 못한 업자인지를 알게 된 것입니다.

우리의 신앙이 그렇습니다. 평안할 때는 잘 모릅니다. 그래서 진짜 예수 믿고 있는지 알 수 없습니다. 하지만 고난이 오면 그 진위를 알 수 있습니다. 고난이 믿음의 진정성을 알려주기 때문입니다. 하나님은 이스라엘 백성의 40년동안 광야 생활을 통하여 그들의 신앙을 시험하신 것입니다. 4일이 아니라 40년이라는 사실을 기억하길 바랍니다. 그렇다면 지금 당장 오는 고난을 이상하게 여길 이유가 없습니다. 믿는 자에게 오는 고난은 영적 훈련의 과정임을 기억해야 합니다. 하나님은 이 훈련을 통해 우리를 더욱 견고하게 만들기를 원하십니다. 이것을 누구보다 잘 알았던 베드로 사도는 고난의 현장에서 믿음을 지키고 있는 성도들에게 이렇게 편지했습니다.

"그러므로 너희가 이제 여러가지 시험을 인하여 잠간 근심하게 되지 않을 수 없었으나 오히려 크게 기뻐하도다 너희 믿음의 시련이 불로 연단하여도 없어질 금보다 더 귀하여 예수 그리스도의 나

타나실 때에 칭찬과 영광과 존귀를 얻게 하려 함이라"(벧전1:6-7)

　신앙의 여정에는 여러가지 시험이 항상 있습니다. 그러나 그 시험은 결코 우리를 절망하게 만들지 않습니다. 시험은 힘들지만 잠간이고 그 이후에 큰 기쁨이 오기 때문입니다. 베드로 사도는 재림의 날에 주어질 영광과 존귀를 약속합니다. 이것이 신앙의 여정에 십자가가 필요한 이유입니다. 하나님은 신앙의 영적 비밀을 이스라엘 백성들의 모습을 통하여 우리에게 분명하게 알려주셨습니다. 십자가를 지는 것은 때론 힘들고 어려운 것이 사실이지만 십자가는 우리로 하여금 금보다 귀한 신앙인이 되게 합니다. 하나님께 존귀함을 받는 자녀로 자라게 합니다.

　믿음은 하나님의 말씀을 확신하느냐에 달려있습니다. 평상시에는 말씀에 대한 믿음을 확인하는 것이 어렵습니다. 그러나 고난이 오면 말씀을 믿는 신앙인지 아닌지 바로 알게 됩니다. 일단의 사람들은 어려우면 무당 찾아 가듯이 신비한 능력 있다고 하는 곳을 기웃거립니다. 또한 실제로 점집을 가는 사람도 있습니다. 그 때에 그들의 신앙이 얼마나 외식이었는지 알게 됩니다. 하지만 참된 신앙은 고난의 순간에 더욱 말씀을 붙잡고 믿음을 지킵니다. 그러기에 고난이 믿음을 드러내는 것이라고 말하는 것입니다.

그런 의미에서 십자가 없이 예수 믿음은 없습니다. 십자가는 불필요하거나 부끄럽게 여기거나 회피하여야 할 것이 아닙니다. 십자가는 우리의 영혼을 더욱 존귀하게 만들어 줍니다. 그러므로 예수 믿는 것이 힘들고 손해 보는 것이 있다 하더라도 십자가를 포기해서는 안 됩니다. 오히려 적극적으로 십자가를 붙잡고 걸어가야 합니다. 우리에게 주어진 그 십자가를 짊어지고 주님을 따를 수 있어야 합니다. 이것이 우리가 가야 하는 길입니다.

혼자 가는 길이 아니다

둘째로 십자가는 혼자 지는 것이 아니라 함께 하기에 감당할 수 있습니다. 십자가는 단지 고난만 있는 것이 아니라 우리의 믿음을 더욱 견고하게 하기 위하여 주어졌음을 살펴보았습니다. 하지만 그렇다 하더라도 십자가를 지고 가는 것은 쉬운 일이 아닙니다. 우리는 십자가의 길이 우리의 신앙을 존귀하게 만든다는 것을 알면서도 때때로 십자가의 길을 포기하고 싶을 때가 있습니다. 그만큼 어려움이 있기 때문입니다.

그런데 여기서 기억해야 할 것이 있습니다. 그것은 십자가의 길은 혼자 가는 것이 아니라는 사실입니다. 우리 주님은 우리에게 십자가를 지라고 말씀하시고 나서 멀리서 팔짱 끼고 있는 분이 아닙니다. 우리 주님은 우리가 믿음의 경주를 완주할 때까지 우리와 함께하십니다. 왜냐하면 우리 주님은 우리를 잘 아시기 때문입니다.

사실 이스라엘 백성들이 광야 40년을 견딜 수 있었던 것은 전적인 하나님의 은혜였습니다. 하나님의 은혜 없이 어떻게 40년동안 광야에서 지낼 수 있겠습니까? 먹고 마시는 모든 문제에 하나님의 인도하심이 없었다면 이스라엘 백성들은 견딜 수 없었을 것입니다. 그러나 하나님이 끝까지 함께하셨습니다.

"너를 낮추시며 너로 주리게 하시며 또 너도 알지 못하며 네 열조도 알지 못하던 만나를 네게 먹이신 것은 사람이 떡으로만 사는 것이 아니요 여호와의 입에서 나오는 모든 씀으로 사는 줄을 너로 알게 하려 하심이니라 이 사십 년 동안에 네 의복이 해어지지 아니하였고 네 발이 부릍지 아니하였느니라"(신8:3-4)

만나를 통하여 먹이셨고 의복이 해어지지 아니하였고, 발이 부르트지 아니하였습니다. 이것이 바로 하나님의 은혜였습니다. 비록 광야라는 험한 상황가운데 있었지만 이들의 삶은 하나님이 늘 지키시고 보호하여 주셨습니다. 이들은 사람이 사는 것이 하나님의 입에서 나오는 모든 말씀으로 사는 것임을 체험을 통하여 알았습니다.

그러므로 십자가를 혼자 지고 간다고 생각하지 마시기 바랍니다. 우리 주님이 끝까지 우리와 함께하십니다. 성경은 이러한 사실을 반복적으로 약속해 주고 있습니다.

"야곱아 너를 창조하신 여호와께서 이제 말씀하시느니라 이스라엘아 너를 조성하신 자가 이제 말씀하시느니라 너는 두려워 말라 내가 너를 구속하였고 내가 너를 지명하여 불렀나니 너는 내 것이라 네가 물 가운데로 지날 때에 내가 함께 할 것이라 강을 건널 때에 물이 너를 침몰치 못할 것이며 네가 불 가운데로 행할 때에 타지도 아니할 것이요 불꽃이 너를 사르지도 못하리니"(사43:1-2)

"보라 너희가 다 각각 제 곳으로 흩어지고 나를 혼자 둘 때가 오나니 벌써 왔도다 그러나 내가 혼자 있는 것이 아니라 아버지께서 나와 함께 계시느니라 이것을 너희에게 이름은 너희로 내 안에서 평안을 누리게 하려 함이라 세상에서는 너희가 환난을 당하나 담대하라 내가 세상을 이기었노라 하시니라"(요16:30-31)

"내가 확신하노니 사망이나 생명이나 천사들이나 권세자들이나 현재 일이나 장래 일이나 능력이나 높음이나 깊음이나 다른 아무 피조물이라도 우리를 우리 주 그리스도 예수 안에 있는 하나님의 사랑에서 끊을 수 없으리라"(롬8:38-39)

성경은 분명하게 약속하여 주셨습니다. 믿음의 길은 십자가를 지고 가야 하는 길이지만 홀로 가는 길이 아닙니다. 우리 주님이 함께 하십니다. 그리고 그 누구도 주님의 사랑에서 우리를 분리할 수 없습니다. 이 사실을 우리가 굳게 붙잡아야 합니다. 그래야 이 땅에서 십자가를 회피하지 않고 지고 갈 수 있습니다.

또한 십자가를 지는 자만이 주님이 함께하신다는 사실을 알 수 있습니다. 주님이 나와 함께 한다는 사실을 알 수 있는 길은 십자가를 지고 가는 일입니다. 무엇을 먹을까, 무엇을 입을까 걱정하는 신앙이 아니라 하나님 나라와 의를 구하며 살아갈 때 먹이시고 입히시는 하나님의 사랑을 볼 수 있습니다. 성경적 신앙은 이러한 약속의 말씀이 나의 삶에 실현되는 것을 보면서 살아가는 여정입니다.

그러기에 십자가를 지는 신앙이 성도의 본분입니다. 그리고 항상 기억해야 할 것이 있습니다. 그것은 십자가는 나 홀로 지는 것이 아니라는 사실입니다. 이미 우리 주님이 지셨으며, 믿음의 선배들이 지고 갔습니다. 그리고 주님이 함께하고 있습니다. 그러므로 믿음의 길을 굳게 갈 수 있기를 바랍니다. 십자가의 길은 결코 실패와 좌절의 길이 아닙니다. 십자가의 길은 주님의 사랑을 누리는 길입니다.

인도의 선교사였던 보우만 박사가 인도 캘커타의 나환자 수용소와 결합된 하나의 예배당을 건립하였습니다. 그 때에 82세 되는 노파가 설교자에 의하여 인도되었습니다. 한 불신자가 그 노파에게 질문하였습니다. "당신이 믿던 종교의 많은 남신과 여신들로 만족할 수 없었나요?" 그러자 그 노파는 이렇게 대답했습니다. "그들 가운데 나를 위해 죽은 신은 아무도 없었소"

인도에는 3억 가까이 되는 신이 있어도 아무도 자신을 위하여 죽은 신이 없었지만 그리스도는 자신을 위하여 죽었음을 알았습니다. 이것이 그리스도의 십자가입니다. 나를 위하여 죽으신 주님께서 오늘도 나와 함께하십니다. 혼자가 아니라 나를 위하여 죽으신 주님이 함께 동행 하고 있습니다. 이 믿음이 십자가의 길을 가게 합니다.

영광의 자리

셋째로 십자가 없이 영광은 없습니다. 십자가는 분명 어렵고 힘든 길입니다. 그런데 예수님은 그러한 길을 가라고 말씀합니다. 십자가를 지고 나를 따르라고 말씀합니다. 이렇게 말씀하시는 것은 십자가의 여정을 통하여 도달할 그 영광 때문입니다. 십자가의 신앙은 영광의 자리로 인도하여 줍니다. 십자가 없이는 영광은 없습니다. 히브리서 11장의 믿음의 사람들을 보면 한결같이 힘든 인생을 살았습니다. 그러나 누구도 십자가를 버리지 않았습니다. 그리고 마침내 영광의 자리에 이른 것을 볼 수 있습니다.

주님께서 나를 따라 오려거든 자기 십자가를 지고 따라오라고 하신 것은 십자가의 고난만이 아니라 십자가의 영광이 있기 때문입니다. 믿음의 길을 간 이들은 고난 뒤에 오는 그 영광을 보았기에 십자가를 묵묵히 지고 갈 수 있었습니다.

이스라엘 백성들이 그 모진 시간을 견딜 수 있었던 것은 약속의 땅 가나안이 있었기 때문입니다. 이들은 광야에서 한시도 가나안을 잊지 않았습니다. 그러므로 수없이 많은 위기와 고난도 이길 수 있었습니다. 이들에게 광야가 있었기에 가나안은 더욱 영광스러웠습니다. 하나님은 이들이 누릴 영광을 말씀합니다.

"네 하나님 여호와께서 너로 아름다운 땅에 이르게 하시나니 그곳은 골짜기에든지 산지에든지 시내와 분천과 샘이 흐르고 밀과 보리의 소산지요 포도와 무화과와 석류와 감람들의 나무와 꿀의 소산지라 너의 먹는 식물의 결핍함이 없고 네게 아무 부족함이 없는 땅이며 그 땅의 돌은 철이요 산에서는 동을 캘 것이라 네가 먹어서 배불리고 네 하나님 여호와께서 옥토로 네게 주셨음을 인하여 그를 찬송하리라"(신8:7-10)

광야와 비교하여 이 말씀을 생각해 보시기 바랍니다. 상상할 수 없는 일들이 펼쳐집니다. 이것이 바로 이스라엘 백성들이 누릴 영광입니다. 광야 생활을 이긴 자들에게 주어진 영광입니다. 결핍함이 없습니다. 부족함이 없습니다. 배부름이 있습니다. 가나안은 이스라엘 모두에게 영광이었습니다. 모든 고난을 이긴 기쁨이었습니다.

영적인 광야

이스라엘 사람들에게 이러한 영광이 주어졌다면 영적인 광야를 지나고 있는 우리들에게 주어질 영광은 어떠하겠습니까? 우리의 그 어떤 상상도 감당할 수 없는 영광이 우리에게 있습니다. 그러나 이것은 오직 십자가의 길을 간 자에게 주어집니다. 우리는 그 모습을 주님의 모습에서 볼 수 있습니다. 하나님의 뜻을 따라 죽기까지 복종하셨던 주님께 이루어진 영광이 있습니다. 바울은 그 사실을 다음과 같이 기록합니다.

"사람의 모양으로 나타나셨으매 자기를 낮추시고 죽기까지 복종하셨으니 곧 십자가에 죽으심이라 이러므로 하나님이 그를 지극히 높여 모든 이름 위에 뛰어난 이름을 주사 하늘에 있는 자들과 땅에 있는 자들과 땅 아래 있는 자들로 모든 무릎을 예수의 이름에 꿇게 하시고 모든 입으로 예수 그리스도를 주라 시인하여 하나님 아버지께 영광을 돌리게 하셨느니라"(빌2:8-11)

사람의 몸으로 오시고 십자가에서 죽으신 예수님을 하나님은 지극히 높이셨습니다. 그리고 모든 입으로 주라 시인하게 하셨습니다. 낮은 자리에 오시고, 모진 고난을 겪으시고 마침내 십자가에서 죽으신 예수님에게 주어진 영광입니다.

믿음을 가지고 산다는 것이 때론 힘들고 지칠 수 있습니다. 잘 보이지 않는 약속을 붙잡고 가는 길이기 때문입니다. 거기에 보이는 기쁨도 그리 많지 않습니다. 오히려 헌신과 희생만이 있습니다. 그래서 신앙생활이 지칠 때가 있습니다. 그러나 이 길의 끝에는 영광이 있음을 기억해야 합니다. 십자가는 반드시 영광으로 끝납니다. 그러나 십자가 없이는 영광이 없습니다. 오직 십자가의 길을 걸어간 이에게만 영광이 주어집니다. 그러므로 광야와 같은 길이 혹 다가온다고 할지라도 영광을 위하여 하나님께서 선물을 준비하셨다고 생각하시기 바랍니다. 신8: 5-6절을 보시기 바랍니다.

"너는 사람이 그 아들을 징계함 같이 네 하나님 여호와께서 너를 징계하시는 줄 마음에 생각하고 네 하나님 여호와의 명령을 지켜 그 도를 행하며 그를 경외할지니라"

광야는 하나님의 사랑이었습니다. 자식을 사랑하는 마음이었습니다. 그러므로 원망이 아니라 오히려 경외하라고 말씀합니다. 우리가 어떻게 신앙생활 해야 하는지 잘 보여주시는 말씀입니다. 우리의 현실 가운데 찾아오는 다양한 상황 가운데 꼭 기억해야 할 것은 바로 하나님의 마음입니다. 하나님은 우리를 사랑하시고 우리에게 가장 좋은 것을 주시고자 고난을 허용하셨습니다. 그러므로 우리는 더욱더 힘써서 하나님의 뜻을 찾고 순종하여야 합니다. 그것이 우리가 감당해야 할 일입니다.

그런 의미에서 지금 지고 있는 십자가가 있다면 믿음으로 감당할 수 있어야 합니다. 하나님이 우리에게 큰 선물을 주시고자 준비 중인 것입니다. 믿음으로 끝까지 견뎌야 합니다. 곧 영광이 있을 것입니다.

토마스 아 켐피스는 그의 책 "그리스도를 본 받아"에서 이렇게 기록하였습니다. "예수에게는 그의 왕국을 사랑했던 사람들은 많았지만 그의 십자가를 같이 짊어진 사람은 거의 없었다."

오늘 우리들에게 필요한 신앙의 길은 예수님의 십자가를 같이 짊어지는 것입니다. 예수 믿음은 바로 십자가를 지는 삶입니다. 십자가를 지고 나를 따르라는 주님의 명령에 화답할 수 있어야 합니다. 세상에서 십자가의 삶을 사는 것은 쉽지 않습니다. 그러나 우리는 세상에서 십자가의 삶을 살 것을 요구받았습니다. 우리가 예수 그리스도를 믿는 순간 우리는 십자가의 길을 가는 자가 되었습니다. 도망 갈 수 없습니다. 세상과 혼합하며 적당히 살 수도 없습니다. 비록 힘들어도 우리는 감당해야 합니다. 십자가 없이 하나님의 나라는 없습니다. 십자가 없이 면류관은 없습니다. 십자가만이 영광을 가져다 줍니다.

십자가 없는 신앙을 기대하지 마십시오. 오히려 십자가 없는 신앙생활을 두려워해야 합니다. 참된 신앙은 십자가로 시작합니다. 그리고 십자가로 살아갑니다. 마침내 십자가의 영광으로 끝납니다. 그러므로 어떠한 순간이라도 십자가 없는 신앙을 생각해서는 안 됩니다. 십자가 신앙은 우리의 영광을 위한 하나님의 은혜입니다. 우리에게 주어진 십자가를 담대하게 지고 갈 수 있을 때 찬란한 영광을 누릴 수 있습니다.

십자가,
하나님의 영광이 되다!

눅23:39—43

달린 행악자 중 하나는 비방하여 가로되 네가 그리스도가 아니냐 너와 우리를 구원하라 하되 하나는 그 사람을 꾸짖어 가로되 네가 동일한 정죄를 받고서도 하나님을 두려워 아니하느냐 우리는 우리의 행한 일에 상당한 보응을 받는 것이니 이에 당연하거니와 이 사람의 행한 것은 옳지 않은 것이 없느니라 하고 가로되 예수여 당신의 나라에 임하실 때에 나를 생각하소서 하니 예수께서 이르시되 내가 진실로 네게 이르노니 오늘 네가 나와 함께 낙원에 있으리라 하시니라

십자가는 늘 고난의 상징으로 여겨져 왔습니다. 그것은 사실입니다. 십자가는 우리에게 고난을 의미합니다. 그것은 예수 그리스도께서 십자가에서 고난 받고 죽으셨기 때문입니다. 그래서 우리는 십자가를 묵상할 때 고난을 생각합니다. 우리가 부르는 대부분의 찬송가 역시 십자가의 고난을 노래합니다.

"예수 나를 위하여 십자가를 질 때 세상 죄를 지시고 고초 당하셨네"

(찬144장)

"갈보리 산 위에 십자가 섰으니 주가 고난을 당한 표라"

(찬135장/개정150장)

예수님의 고난 받으심을 예언한 말씀인 이사야 53장은 더욱 분명하게 고난을 말씀하고 있습니다. "그는 멸시를 받아서 사람에게 싫어 버린바 되었으며 간고를 많이 겪었으며 질고를 아는 자라 마치 사람들에게 얼굴을 가리우고 보지 않음을 받는 자 같아서 멸시를 당하였고 우리도 그를 귀히 여기지 아니하였도다"(사53:3)

이렇듯 십자가는 예수 그리스도의 고난 받으심을 말하고 있습니다. 그리고 십자가를 지고 나를 따르라 하신 그 말씀은 바로 이러한 고난에 동참하라는 것을 포함하고 있습니다. 결국 우리가 진심으로 예수님을 믿고 따라가려면 고난의 길에 동참한다는 의미입니다. 이것은 부정할 수 없는 사실입니다. 우리의 신앙의 여정에는 고난이 늘 함께 합니다. 앞서 보았듯이 고난 없는 신앙은 없습니다. 그러므로 선진들은 복음과 함께 고난 받는 것을 이상하게 여기기 않았습니다. 담담하게 받아 들였습니다.

시편기자가 고백한 말을 우리는 잘 알고 있습니다. "주의 궁정에서 한 날이 다른 곳에서 천 날보다 나은즉 악인의 장막에 거함보다 내 하나님 문지기로 있는 것이 좋사오니"(시 84:10) 죄악과 함께하는 편안한 삶 보다는 주님의 나라에서 불편한 삶을 살겠다는 것입니다. 이것이 그리스도인의 삶의 모습입니다.

고난이 끝은 아니다

그렇다면 우리는 이러한 질문을 던질 수 있습니다. 그리스도인의 삶에는 언제나 고난만 있고 기쁨은 없습니까? 십자가는 고난의 상징뿐입니까? 우리는 충분히 이러한 질문을 던질 수 있습니다. 성경의 대답은 분명합니다. 아닙니다. 결코 아닙니다. 그리스도인의 삶에는 기쁨이 있습니다. 십자가는 영광이 있습니다. 아니 십자가 자체가 영광입니다.

우리가 함께 나눌 말씀은 십자가의 영광을 선포하고 있습니다. 십자가는 고난이지만 동시에 영광입니다. 십자가는 고통이지만 행복입니다. 십자가는 피 흘림이 있지만 환희도 있습니다. 그러므로 십자가는 결코 우리를 불편하게 하지 않습니다. 십자가는 우리로 하여금 참된 치유함을 가져다 줍니다.

십자가는 고통을 물리치고 기쁨을 영원히 심어줍니다. 그래서 십자가는 영광이라 말하는 것입니다.

예수님께서 십자가에 달리시고 골고다 언덕에서 죽음을 맞이하게 되었습니다. 그 때에 두 명의 강도와 함께 십자가형을 당하게 되었습니다. 성경은 이 때 일어난 일을 기록하여 남겨주었습니다. 십자가 위의 한 강도는 예수님을 강하게 비판하고 비웃습니다. "비방하여 가로되 네가 그리스도가 아니냐 너와 우리를 구원하라"(39) 그리스도 즉 메시야라면 우리를 구원하라고 합니다. 하지만 다른 한 강도는 전혀 다른 태도를 보입니다. 예수님을 비판하는 한 강도를 꾸짖습니다. 그리고 예수님께서 간절히 요청하는 모습을 볼 수 있습니다.

"하나는 그 사람을 꾸짖어 가로되 네가 동일한 정죄를 받고서도 하나님을 두려워 아니하느냐 우리는 우리의 행한 일에 상당한 보응을 받는 것이니 이에 당연하거니와 이 사람의 행한 것은 옳지 않은 것이 없느니라 하고 가로되 예수여 당신의 나라에 임하실 때에 나를 생각하소서 하니"(40-42)

같은 사형대 위에 있지만 전혀 다른 반응을 보여 줍니다. 예수님은 자신을 회개하고 예수님을 믿은 강도에게 "내가 진실로 네게 이르노니 오늘 네가 나와 함께 낙원에 있으리라"고 약속하셨습니다. 마지막 순간에 한 사람은 천국에 이르고, 한 사람은 지옥에 떨어지는 전혀 다른 결과가 나타났습니다.

이 말씀은 단지 십자가 위의 한 사건으로 볼 수 있는 것이 아닙니다. 이 말씀이 기록된 중요한 이유가 있습니다. 십자가에 달리신 예수 그리스도를 통하여 우리에게 십자가의 영광이 무엇인지 보여주기 때문입니다. 그 영광은 우리로 하여금 이 땅에서 그리스도인으로 살 수 있게 합니다. 그렇다면 십자가의 영광이 무엇입니까? 우리로 하여금 믿음의 길을 담대하게 갈 수 있게 하는 십자가의 영광은 무엇입니까?

첫째, 십자가는 구원의 영광입니다.

십자가에 달리신 예수님을 보았던 두 강도를 생각해 보시기 바랍니다. 한 강도의 눈에는 예수님이 동일한 죄인으로 보였습니다. 그러나 한 사람의 눈에는 메시야로 보였습니다. 자신은 죄인이지만 예수님은 죄인이 아님을 알았습니다. 아마도 이 사람은 예수님의 소문에 대하여 들었을 것입니다. 또한 예수님의 말씀도 들었을 것입니다. 그리고 마침내 그 말씀에 순종하였습니다. 40-41절을 다시 한번 보겠습니다.

"하나는 그 사람을 꾸짖어 가로되 네가 동일한 정죄를 받고서
도 하나님을 두려워 아니하느냐 우리는 우리의 행한 일에 상당한 보
응을 받는 것이니 이에 당연하거니와 이 사람의 행한 것은 옳지 않
은 것이 없느니라 하고"

이 강도는 자신의 죄를 인정하고 하나님을 두려워하였습
니다. 그리고 예수님을 정확하게 고백하고 있습니다. 자신의
죄를 알았기에 예수님을 믿었습니다. 구원받음은 자신의 죄에
대하여 하나님 앞에 두려움을 가지는 일에서 시작합니다. 하
나님을 두려워하지 않는 자는 결코 구원의 자리에 설 수 없습
니다. 이 강도는 마지막 순간에 분명한 신앙 고백을 가지고 있
었습니다. 자신이 죄인임을 알았습니다. 그리고 하나님을 두
려워했습니다. 동시에 십자가에 달리신 예수님만이 자신을 구
원해 주실 수 있음을 믿었습니다.

십자가 위의 예수님은 현실상 아무것도 알 수 없습니다. 그
러나 믿음의 눈은 바로 그 십자가가 구원임을 보게 합니다. 두
사람 모두가 십자가의 예수를 보았지만 한 사람에게는 구원이
한 사람에게 멸망이 왔습니다. "오늘 나와 함께 낙원에 이르리
라" 이것이 십자가상의 예수님의 선언입니다. 십자가는 우리
의 구원입니다. 누구든지 십자가의 예수님을 믿으면 그는 구

원의 영광을 얻습니다.

십자가에서 이루신 그 공로로 우리가 영원한 형벌을 면하고 영원한 생명 가운데 들어 간 것입니다. 그러므로 십자가 없이 구원이 없습니다. 십자가는 우리의 구원이며, 우리의 영광입니다.

둘째, 십자가는 차별 없는 사랑입니다.

십자가를 통해 우리는 예수 그리스도의 차별 없는 사랑을 볼 수 있습니다. 세상은 온통 차별로 가득 차 있습니다. 대기업과 중소기업의 차별, 학력차별, 빈부의 차별, 지역의 차별, 남녀의 차별 등 차별이 사회를 좌우하고 있습니다. 그래서 차별 없는 세상을 원하는 목소리들이 이곳 저곳에서 나옵니다. 그러나 진정한 차별이 없는 곳은 바로 십자가뿐 입니다.

십자가에는 어떠한 차별도 존재하지 않습니다. 십자가에는 오직 하나님의 사랑만이 있습니다. 예수님은 자신의 존재를 있는 그대로 고백하는 강도를 사랑하셨습니다. 이러한 주님의 사랑은 그의 사역 가운데 늘 함께 하였습니다. 그는 가난한 자와 부자를 차별하지 않았습니다. 남녀를 차별하지 않았습니다. 수가성 여인을 찾아갔었고, 나사로의 누이 마르다와 마리

아를 맞이하였습니다. 그리고 그들에게 복음을 들을 수 있게 하였습니다. 예수님의 제자가 되는 조건에는 학력이 있지 않았습니다. 모두가 다 제자가 될 수 있었습니다. 그리고 그 사랑을 십자가에서 완성하셨습니다. 십자가는 이러한 차별 없는 예수님의 사랑의 절정체입니다.

십자가는 모두에게 열려있습니다. 죄인 중의 괴수였던 바울이 변화 받고 제자로 인정된 것이 바로 십자가의 사랑입니다. 벌레만도 못한 우리들이 구원의 영광을 볼 수 있었던 것이 바로 십자가의 사랑입니다. 십자가는 모두를 위하여 흘린 사랑의 피입니다. 우리가 험한 십자가를 사랑할 수 있는 것은 십자가가 우리를 위하여 흘리신 사랑의 보혈이기 때문입니다. 그러므로 우리가 예수 그리스도의 십자가를 사랑한다면 우리의 삶에도 이러한 사랑이 나타나야 합니다. 십자가에는 차별이 없습니다. 그것이 바로 복음입니다.

사도 요한은 사랑이 그리스도인의 본질임을 강조합니다.

"사랑하는 자들아 우리가 서로 사랑하자 사랑은 하나님께 속한 것이니 사랑하는 자마다 하나님께로 나서 하나님을 알고 사랑하지 아니하는 자는 하나님을 알지 못하나니 이는 하나님은 사랑이심이라"(요일4:7-8)

십자가를 통하여 우리가 누리는 그 영광은 바로 예수님의 차별 없는 사랑이 우리에게 임하였다는 사실입니다. 우리는 차별 없는 사랑을 받은 사람입니다. 이 사랑은 우리가 주님의 자녀임을 증거합니다.

"사랑은 여기 있으니 우리가 하나님을 사랑한 것이 아니요 오직 하나님이 우리를 사랑하사 우리 죄를 위하여 화목제로 그 아들을 보내셨음이니라"(요일4:10)

십자가는 하나님이 우리를 사랑하신 증거입니다. 사랑을 받고 있다는 것이 중요한 이유는 사랑이 모든 두려움을 이기게 하기 때문입니다.(요일4:18) 혼자가 아니라는 사실에서 나아가 사랑을 받고 있다는 것은 어떤 두려움도 이길 수 있음을 의미합니다. 십자가의 차별 없는 사랑은 우리에게 두려움이 아니라 생기를 줍니다. 그러므로 우리는 십자가를 사랑하는 것입니다.

셋째, 십자가는 회개하는 자에게 하나님 나라를 약속합니다. 십자가의 영광은 하나님 나라가 약속 되었다는 사실에서도 볼 수 있습니다. 십자가 앞에 자신의 죄를 인정하고 고백할 때 그에게는 하나님의 나라가 약속되어 집니다. 한 강도는 이 사실을 몰랐기에 영원한 형벌에 떨어졌지만 다른 한 강도는 이 사실을 알았습니다. 그러므로 그는 십자가에 달리신 예수님 앞에서 자신의 죄를 회개하였습니다. 이미 사형선고를 받고 십자가형을 당하고 있는 입장에서 무슨 의미가 있느냐고 생각할 수 있습니다. 그러나 육신의 죽음은 잠깐이지만 곧 바로 영원한 삶이 시작됩니다.

우리는 이 땅에서의 삶이 영원한 것이 아님을 잘 알고 있습니다. 모든 사람에게는 죽음 이후에 영원한 삶이 주어집니다. 그런데 오직 회개한 사람만이 그 영광을 볼 수 있습니다. 영생에 이른 강도는 주님 앞에 회개하고 주님의 은혜를 구하였습니다. 주님은 이러한 강도의 믿음을 보시고 말씀하셨습니다.

"예수께서 이르시되 내가 진실로 네게 이르노니 오늘 네가 나와 함께 낙원에 있으리라 하시니라"(43절)

"나와 함께 낙원에 있으리라" 죽음이 끝나는 순간 그는 낙원에 이르렀습니다. 이것이 십자가의 영광입니다. 십자가는 우리로 하여금 하나님 나라를 누리게 합니다. 이곳에서 누릴 뿐 아니라 영원한 하나님의 나라를 살게 합니다. 우리의 삶은 죽음으로 끝나지 않습니다. 마침내 그 영광을 봅니다. 우리가 부자와 나사로의 삶과 죽음에서 보았듯이 천국과 지옥이 우리 앞에 주어집니다. 그러므로 누구든지 십자가를 붙잡고 있다면 그는 하나님 나라의 영광을 볼 것입니다. 이렇듯 십자가는 회개하는 자에게 하나님 나라를 약속합니다.

넷째, 십자가는 우리로 하여금 이 땅에서 사람다운 삶을 살수 있게 합니다. 우리가 사는 생애는 그리 길지 않습니다. 요즘은 100세까지 사는 분들이 많아졌습니다. 하지만 그들의 삶이 그리 활동적이지는 않습니다. 그러므로 제대로 사는 것 같은 삶을 본다면 그 보다 훨씬 짧습니다. 성경의 가르침대로 강건하면 80이라고 하였으니 80정도라 할 수 있습니다. 이러한 80인생을 의미 있게 사는 것은 너무나 중요합니다.

그런데 어떻게 사는 것이 의미 있는 삶이겠습니까? 그것은 삶의 목적을 바로 알 때 주어집니다. 그런 의미에서 십자가는 우리에게 의미 있는 삶을 살게 합니다. 한번뿐인 인생을 의미 있게 사는 것은 무엇보다 중요합니다.

구원 받은 강도에게 있어서 십자가상의 예수님과 함께 하였던 그 짧은 시간은 너무나 복되고 아름다웠을 것입니다. 비록 9시간 정도 였지만 그가 지금까지 살아 온 어떤 시간보다 행복하였을 것입니다. 십자가형의 고통이 있었지만 그가 사람다운 삶을 살 수 있었던 최고의 시간이었을 것입니다. 비록 그가 살아서 많은 일을 할 수 없었지만 짧은 시간 주님과 함께 함으로 오고 오는 모든 사람들에게 소망을 주는 일을 하였습니다. 예수님을 만남으로 그의 인생은 새롭게 된 것입니다.

십자가는 우리에게 새로운 삶을 살게 합니다. 이전 것은 지나가고 새로운 피조물의 삶을 살게 합니다. 세상의 욕심에 가득 차 행복이 보이지 않는 삶에서 비로소 행복이 무엇인가를 발견하고 살아갑니다. 이 모두가 예수 그리스도의 십자가의 영광입니다. 우리가 그 십자가에 머물러있다면 우리는 참된 만족이 있는 삶을 살아갈 수 있습니다.

다섯째, 십자가는 우리로 하여금 죽음을 이기게 합니다.
모든 사람들이 가장 두려워하는 것이 있다면 아마도 죽음일 것입니다. 얼마 전 동생 남편이 수술 때문에 병원에 입원했을 때 들은 이야기입니다. 함께 병실에 입원한 할아버지가 밤마다 잠을 청하지 못하고 소리를 지르면서 깨어나 간호사를 부르곤 하였답니다. 누군가 자기를 데려가려고 간다고 무서워했다고 합니다. 아픈 사람들은 누구나 경험하는 일입니다. 죽음 앞에 담대할 수 있는 사람들은 그리 많지 않습니다. 그러나 십자가는 이러한 죽음의 공포를 이기게 합니다. 십자가는 죽음의 원인인 죄를 해결하였기 때문입니다. 죄인들에게 죽음은 영원한 형벌로 들어가는 길이지만 구원 받은 백성에게 죽음은 영생으로 들어가는 길이기 때문입니다. 죽음을 이기는 것은 오직 십자가뿐입니다. 우리의 죄를 위하여 죽으시고, 그를 믿는 자에게 낙원을 예비하시는 은혜가 바로 십자가에 있기 때문입니다.

십자가에 달린 두 강도는 시간이 흐를수록 전혀 다른 모습을 하였을 것입니다. 한 사람은 시간이 갈수록 두려움이 그를 사로잡았을 것입니다. 그러나 다른 한 사람은 시간이 흐를수록 육체적 고통은 동일하지만 낙원의 영광이 그 고통을 이기게 하였을 것입니다.

"십자가 십자가 내가 처음 볼 때에 나의 맘에 큰 고통 사라져
오늘 믿고서 내 눈 밝았네. 참 내 기쁨 영원 하도다"
(찬송 138/개정151장)

십자가는 우리에게 죽음의 고통을 이기게 합니다. 이것은 믿음의 선배들이 우리에게 전해 준 증거입니다. "나는 그리스도인 입니다"라는 책을 보면 초대 교회 성도인 카르푸스의 순교 이야기가 나옵니다. 그는 황제 숭배를 하지 않은 이유로 화형을 당하였습니다. 그는 화형을 당하면서 이렇게 말했습니다.

"당신을 찬양합니다. 주 예수 그리스도 하나님의 아들이시여, 당신은 죄인인 나로 하여금 이 같은 당신의 운명에 동참할 수 있는 자격을 주셨습니다."

사실 이 책을 끝까지 읽을 자신이 없었습니다. 정말 위대한 믿음의 선배들 앞에 너무 부끄럽기 때문입니다. 이들이 죽음의 두려움을 이긴 것은 하늘의 영광을 보았기 때문입니다. 십자가의 영광이 죽음의 두려움을 이기게 하였습니다. 십자가는 그 어떤 두려움도 이기게 합니다. 이것이 십자가의 영광입니다.

여섯째, 십자가는 모든 이들에게 삶의 소망을 줍니다. 십자가는 죽음의 두려움을 이기게 할 뿐 아니라 삶의 소망을 줍니다. 우리가 이 땅에서 최선을 다해 살수 있는 힘을 주기 때문입니다. 우리는 소망이 없는 자였습니다. 죄악 가운데 살다가 죽을 수 밖에 없는 자입니다. 참으로 사악한 존재로 하나님을 욕보이며 사는 자입니다. 그런데 우리에게 죽음을 넘어 영광을 볼 수 있는 기회를 주셨습니다.

구원 받은 강도를 보시기 바랍니다. 그에게 무슨 소망이 있겠습니까? 지금 있는 자리는 사형이 집행되는 자리입니다. 시간만 남아 있을 뿐 아무런 소망이 없습니다. 그렇기에 강도의 비방이 합당한지도 모릅니다. 지금 여기서 내려가게 해주면 믿겠다는 자세입니다. 아마도 우리 역시 이러한 모습으로 신앙 생활할지 모르겠습니다. 하나님이 해 주시면 믿어 보겠다는 자에게는 소망이 없습니다. 언제나 우연과 부정에 휩싸여 사는 사람일 뿐입니다.

하지만 구원 받은 강도는 짧은 시간이지만 주님을 모실 수 있는 기쁨을 누렸습니다. 주님과 함께 낙원에 이르는 즐거움이 있었습니다. 죽음의 순간이지만 혼자가 아니었습니다. 주님과 함께 있었습니다. 이것이 얼마나 큰 영광입니까? 그는 짧은 순간이지만 주님과 함께 함으로 삶의 의미를 가졌고 낙원을 향한 소망을 가졌습니다.

우리가 이 땅에서 가진 많은 것들이 곧 사라진다고 생각하면 얼마나 허망한 일이겠습니까? 세상의 많은 것들이 무슨 의미가 있겠습니까? 삶의 소망이 없다면 가진 모든 보화가 무슨 기쁨이 되겠습니까? 사라질 것을 위하여 사는 것처럼 허망한 것은 없습니다. 삶의 참된 가치 없이 분투하는 것처럼 어리석은 것은 없습니다. 그래서 삶의 비밀을 알았던 사람들은 이렇게 노래하지 않을 수 없습니다.

"주 달려 죽은 십자가 우리가 생각 할 때에

세상에 속한 욕심을 헛된 줄 알고 버리네

온 세상 만물 가져도 주 은혜 못 다 갚겠네

놀라운 사랑 받은 나 몸으로 제물 삼겠네"

(찬송147/개정149)

세상의 헛된 욕심을 버리게 하고, 자신의 몸을 제물로 바칠 수 있게 하는 능력이 바로 십자가에 있습니다. 구원 받은 백성에게는 살아야 할 분명한 이유가 있습니다. 그것이 또한 우리의 소망이기도 합니다. 십자가는 우리로 하여금 이러한 소망을 바라보게 합니다.

일곱째, 십자가는 응어리진 삶의 아픔을 치유해 줍니다.
십자가의 영광은 생각하면 할수록 우리를 복되게 합니다. 십자가가 단지 고난으로 끝나는 것이 아니라 우리에게 참된 치유를 주기 때문입니다. 사람들은 저마다 온갖 쓴 뿌리를 가지고 살아갑니다. 그러므로 하나님께 탄식하며, 절박한 심정으로 부르짖습니다. 그것이 인생입니다. 그런데 이러한 인생을 치유할 수 있는 것은 오직 예수 그리스도의 십자가입니다.

구원 받은 강도를 생각해보시기 바랍니다. 그는 강도와 살

인자로 인생을 마감해야 합니다. 사람들의 온갖 손가락질을 받으며 가족에게는 치욕적인 사람으로 생을 끝내야 합니다. 죽으면 끝나는 것이라 생각하겠지만 그에게 남은 시간은 얼마나 후회스럽게 치욕스럽고 서글프겠습니까? 모든 사람들이 죽음 앞에 다 후회한다고 합니다. 안 그렇겠습니까? 밀려드는 한은 풀지도 못하고 끝내야 하는 순간입니다. 그런데 그 응어리진 한이 해결된 것입니다. 바로 십자가의 예수님 때문입니다. 예수님 앞에 자신의 모든 것을 내려놓았습니다. 그리고 예수님이 말씀하십니다. '오늘 나와 함께 낙원에 이르겠다'는 선포입니다. 소망이 없이 보이는 그 순간에 주님의 손이 그를 붙잡으셨습니다. 그의 아픔을 치유하여 주신 것입니다.

주님의 손이 닿는 곳마다 치유가 일어났습니다. 이것의 푯대는 바로 십자가입니다. 십자가를 믿는 자마다 영적인 것과 육적인 것의 참된 치유를 누리게 됩니다. 특별히 응어리진 우리의 내적인 고통은 십자가의 은혜로 깨끗함을 누립니다.

"그가 찔림은 우리의 허물을 인함이요 그가 상함은 우리의 죄악을 인함이라 그가 징계를 받음으로 우리가 평화를 누리고 그가 채찍에 맞음으로 우리가 나음을 입었도다"(사53:5)

예수님의 십자가는 우리에게 평화를 주고, 우리에게 치유함을 주십니다. 그가 우리가 받아야 할 모든 것을 다 짊어지셨기에 우리에게 치유함이 있습니다. 이것이 바로 십자가의 영광입니다.

여덟째, 십자가는 용서할 수 있는 힘을 공급합니다. 십자가의 가장 큰 영광은 무엇입니까? 그것은 바로 "용서"입니다. 험한 십자가에서 흘리신 피는 바로 나를 용서하고 우리의 죄를 사하시기 위하여 흘린 보혈입니다. 십자가의 용서가 없다면 우리 가운데 누가 주의 나라에 들어 갈 수 있겠습니까? 어느 누구도 거룩한 주님의 집에 갈 수 없습니다. 아무리 소망해도 본향 집에 들어갈 수 없습니다. 죄인은 결코 들어 갈 수 없습니다. 그런데 우리가 본향 집에 갈 수 있는 것은 오직 그리스도의 십자가 때문입니다. 십자가에서 이루신 용서가 우리로 하여금 집에 갈 수 있게 한 것입니다.

생각해 보시기 바랍니다. 사람을 죽인 강도입니다. 살인자입니다. 어떻게 용서가 되겠습니까? 살인자가 용서 받는 것을 우리는 그렇게 좋아하지 않습니다. 그런데 강도는 마지막 순간에 예수님께 용서 받았습니다. 십자가는 용서의 현장입니다. 용서 받지 못할 죄인이 없음을 공포하는 것이 바로 십자가입니다. 십자가 앞에 의인은 없습니다. 모두가 죄인입니다. 동시에 모든 죄인은 십자가 앞에서 용서함 받을 수 있습니다. 우리가 바로 그 증인들입니다. 벌레만도 못한 우리가 용서함 받았습니다. 이것이 어떻게 가능합니까? 바로 예수 그리스도의 십자가의 은혜입니다.

그렇다면 우리 역시 용서할 수 있습니다. 십자가를 가슴에 품고, 십자가를 짊어지는 사람은 용서할 수 있습니다. 십자가를 지고 따르라는 것은 바로 이것입니다. 용서하며 사는 것입니다. 용서하는 것은 쉽지 않습니다. 그런데 그렇게 힘든 일을 주님이 우리에게 하셨습니다. 우리가 이 사실을 기억한다면 우리 역시 용서 할 수 있습니다. 용서 받은 사람이 용서합니다. 사랑 받은 사람이 사랑해야 합니다. 이것이 바로 십자가에서 이루어진 일입니다. 우리가 십자가의 영광을 말하는 이유입니다.

아홉째, 십자가는 내가 얼마나 소중한 존재인지를 알게 해 줍니다. 우리 시대 문제의 심각함은 자신이 얼마나 소중한 존재인지 모르는데 있습니다. 그래서 자살을 하는 이들이 점점 늘어나고 있습니다. 또한 자신을 학대하는 이들도 늘어나고 있습니다. 자신을 비하할 뿐 아니라 자신을 죽이는 것은 너무나 슬픈 일입니다. 이 모두가 자신의 가치를 상실하였기 때문입니다.

그러나 세상에는 자신이 얼마나 소중한 존재인지 알 수 있는 길이 없습니다. 경쟁하는 사회 속에서 탈락하는 이들을 사람 취급하지 않기 때문입니다. 그래서 점점 패배자가 많이 나타나고 있습니다. 어디에서도 존중함을 얻을 수 있는 길을 찾기가 어렵습니다. 그런데 십자가는 우리의 소중함을 분명하게 알려줍니다. 십자가는 자신을 가치 없이 여길 수 있는 우리를 위하여 예수님이 죽으신 현장입니다. 세상에서 패배자라 말할지라도 하나님은 우리를 자녀로 대하십니다. 그리고 하늘의 유업을 상속하여 주십니다. 우리는 하나님의 형상이기 때문입니다. 이러한 사랑의 보증이 바로 십자가 입니다. 이 얼마나 놀라운 일입니까? 성경은 이 사실을 다음과 같이 증거합니다.

"의인을 위하여 죽는 자가 쉽지 않고 선인을 위하여 용감히 죽는 자가 혹 있거니와 우리가 아직 죄인 되었을 때에 그리스도께서 우리를 위하여 죽으심으로 하나님께서 우리에게 대한 자기의 사랑을 확증하셨느니라"(롬5:7-8)

우리가 아직 죄인 되었을 때에 우리의 죄를 용서하여 주시기 위하여 예수님이 죽으셨습니다. 이를 통하여 예수님은 우리를 사랑하신다는 증거를 확증하여 주셨습니다. 이러한 사랑을 받은 사람의 자긍심은 어떠하겠습니까?

예수님 좌우편의 강도를 생각해보시기 바랍니다. 그들은 사람들에게 버림 받은 존재입니다. 어느 누가 그를 존경하겠습니까? 고통 가운데 죽어가고 있어도 누구 하나 그에게 연민을 느끼는 사람은 없습니다. 그는 강도요 살인자이기 때문입니다. 그렇게 쓸쓸히 사라지는 것이 그의 모습일 뿐입니다. 하지만 그 마지막 순간에 전혀 다른 모습으로 두 사람은 나타납니다. 한 사람은 아무 쓸모 없이 사라졌습니다. 하지만 구원 받은 강도는 누군가로부터 사랑을 받을 수 있는 소중한 존재임을 알았습니다. 예수님은 그를 받아 주셨습니다. 그 강도를 예수님은 용서하셨습니다. 그리고 그를 거룩한 나라에 들어 갈 수 있게 해 주셨습니다. 가치 없었던 강도가 하나님 나라의 존귀한 자녀가 되는 순간입니다. 이것이 십자가의 영광입니다.

열째, 십자가는 죄와 싸워 이길 수 있는 희망을 줍니다. 십자가가 우리에게 공급해 주는 놀라운 것들 중 하나는 우리의 정체성을 건강하게 해준다는 것입니다. 우리로 하여금 이 땅에서 담대하게 그리스도인으로 살 수 있게 해줍니다. 그렇게 할 수 있는 것은 십자가는 우리로 하여금 죄와 싸워 이길 수 있는 능력을 주기 때문입니다. 죄와 싸우는 것이 얼마나 힘든지 우리는 잘 압니다. 우리의 본성을 이기고, 우리의 욕심을 이기고 하나님의 영광을 위하여 사는 것은 쉽지 않습니다. 우리의 죄는 우리를 집요하게 흔들어 놓습니다. 죄가 얼마나 무서운지 아십니까? 고통하는 시대는 바로 죄가 힘을 쓰는 시대입니다. 딤후3:1-5절입니다.

"네가 이것을 알라 말세에 고통하는 때가 이르리니 사람들은 자기를 사랑하며 돈을 사랑하며 자긍하며 교만하며 훼방하며 부모를 거역하며 감사치 아니하며 거룩하지 아니하며 무정하며 원통함을 풀지 아니하며 참소하며 절제하지 못하며 사나우며 선한 것을 좋아 아니하며 배반하여 팔며 조급하며 자고하며 쾌락을 사랑하기를 하나님 사랑하는 것보다 더하며 경건의 모양은 있으나 경건의 능력은 부인하는 자니 이같은 자들에게서 네가 돌아서라"

이 같은 자와 이 같은 일에서 돌아서는 일이 우리가 감당해야 할 일입니다. 이렇게 우리는 죄와 싸워야 합니다. 죄와 싸우는 일은 결코 쉽지 않습니다. 죄는 만만한 상대가 아닙니다. 그래서 우리는 자주 좌절합니다. 정말 죄를 이길 수 없단 말인가? 사단은 지속으로 우리에게 죄에 대하여 저항하지 말라고 합니다. 빨리 포기하라고 합니다.

그런데 십자가는 이러한 속임수에 넘어가지 않게 합니다.

십자가는 죄와 싸울 수 있는 힘을 주고, 이길 수 있게 합니다. 그것은 십자가가 죄의 권세를 이겼기 때문입니다.

"정사와 권세를 벗어버려 밝히 드러내시고 십자가로 승리하셨느니라"(골2:15)

십자가로 승리하셨습니다. 십자가에서 모든 죄가 다 소멸되었습니다. 그러므로 죄를 십자가로 가져오면 됩니다. 그러면 어떠한 죄도 십자가에서 소멸 됩니다. 십자가의 강도가 마지막 순간에 붙잡은 것이 무엇입니까? 십자가의 예수님입니다. 다른 것이 아닙니다. 권세도, 물질도 아닙니다. 그의 눈에 보인 것은 가시 면류관을 쓰시고 피 흘리고 계신 예수님이었습니다. 강도는 그 예수님을 믿었습니다. 그리고 마지막 순간까지 믿음을 지켰습니다. 다른 강도의 조롱도 이길 수 있었습니다. 십자가 아래에서 그들을 구경하던 사람들의 조롱도 이길 수 있었습니다. 그에게는 십자가의 예수님이 있었기 때문입니다.

십자가는 죄와 싸울 수 있는 힘을 공급하고 죄를 이기게 합니다. 그리고 마침내 약속한 영광에 들어가게 합니다. 이것이 바로 십자가의 영광입니다.

십자가, 우리의 영광

우리는 십자가에 달린 예수님과 두 강도의 모습을 통해 십자가의 영광이 무엇인지 보았습니다. 두 강도에게 이루어진 일들은 바로 우리에게 동일하게 주어진 모습입니다. 십자가는 고난을 의미하지만 동시에 십자가는 우리의 영광입니다. 우리가 붙잡아야 할 것은 바로 이 십자가의 영광입니다.

우리가 십자가의 영광을 알았다면 우리는 어떠한 삶을 살아야 할 지 명백해 진 것입니다. 그리스도를 위하여 십자가를 지는 것은 우리에게 주어진 영광입니다. 십자가의 영광을 아는 사람은 십자가의 삶을 기쁨으로 맞이합니다. 다음 찬송은 우리에게 진지하게 답을 요구하고 있습니다.

"내 너를 위하여 몸 버려 피 흘려

네 죄를 속하여 살 길을 주었다.

널 위해 몸을 주건만 너 무엇 주느냐

널 위해 몸을 주건만 너 무엇 주느냐"

(찬송 185/개정311)

십자가는 우리에게 가장 큰 선물을 주었습니다. 십자가가 없었다면 우리도 없습니다. 이제 우리가 사는 것은 십자가의 은혜와 영광을 바라보며 사는 것입니다. 우리의 신앙 여정은 우리 홀로 가는 것이 아닙니다. 우리를 위하여 모든 것을 주신 주님이 함께 하십니다. 그리고 그 믿음의 길 뒤에는 하늘의 영광이 있습니다.

십자가는 우리의 삶을 더욱 풍성하게 만들어 줍니다. 십자가를 묵상하고 십자가를 짊어지는 것을 기뻐합시다. 십자가는 우리의 기쁨입니다. 십자가는 하나님의 영광입니다.